Schandevrees...

Hendrik Conscience

SCHANDEVREES.

D.J. 75.

SCHANDEVREES.

ZEDESCHETS

DOOR

HENDRIK CONSCIENCE.

Met 4 platen van EDWARD DUJARDIN.

TE LEIDEN, BIJ A. W. SIJTHOFF.

1875

SCHANDEVREES.

I.

Den 20sten Juli 1849 reed er eene schoone huurkoets zeer langzaam door eene afgelegene straat der stad Gent.

De voerder scheen niet goed te weten, waar hij zijn moest; want hij vertraagde nog den stap der paarden en wendde zich om naar den heer, die in het rijtuig zat.

Deze zeide hem:

„Nog verder, ter linkerzijde, een groen poortje, nummer 70.”

Toen de koetsier eindelijk de paarden had stilgehouden voor een oud huis van nederig opzicht en had aangebeld, trad de heer uit het rijtuig en stelde zich bij de kleine deur, in de verwachting dat deze onmiddellijk zou geopend worden.

Hij scheen een man van rijpen leeftijd en was

zeker de 40 jaar reeds lang voorbij. Alhoewel zijn gelaat de sporen droeg van doorgestane ziekte of van zwaar verdriet, was er echter in zijne fijn geteekende wezenstrekken, in zijne statige houding en in den deftigen zwier zijner kleedij, iets dat niet twijfelen liet of hij moest een voornaam persoon zijn.

Reeds eene wijl had hij wachtend voor het groene poortje gestaan en met eenen zucht zich zelven gevraagd, of ook deze poging voor hem vruchteloos zou blijven. Eene beweging van ongeduld weerhoudende, hief hij de hand op om nog eens aan te bellen, toen hij binnen het huis eenen grendel hoorde wegschuiven. Onmiddellijk daarop zag hij het poortje openen door eene zeer oude vrouw, die eene dienstmeid scheen te zijn en hem en zijn rijtuig sprakeloos en met zichtbare verlegenheid beschouwde.

„Is het niet hier, vrouw, dat mijnheer Homans woont?" vroeg hij.

„Wat zegt gij, mijnheer? Ik versta u niet!" riep de vrouw zeer luid.

Hij herhaalde zijne vraag; maar de dienstmeid, die hem evenmin als de eerste maal had begrepen, wenkte hem binnen de gang, sloot het poortje achter hem en zeide dan met geweldige stemgalmen, terwijl zij den vinger aan haar oor bracht:

„Gij moet luider spreken, mijnheer; ik ben wat hard van gehoor. Kom binnen, kom binnen!"

Zij leidde hem in eene tamelijk groote kamer en riep:

„Nu, mijnheer, spreek luid en zeg wat er u belieft."

De vreemdeling voelde zich niet gekwetst over de ruwe taal der oude vrouw. Haar gebrek boezemde hem veeleer medelijden in. Hij verhief de stem en vroeg langzaam en drukkende op elke lettergreep:

„Ben ik niet hier ten huize van mijnheer Homans, die vroeger rentmeester was der barons Van Berkhout en altijd te Brussel heeft gewoond?"

„Gij hoeft zoo schrikkelijk hard niet te schreeuwen, mijnheer," zeide de oude vrouw. „Ik versta u wel: gij vraagt mij, hoe het met de gezondheid van mijnheer Homans gaat en of hij nog leeft? Zeker, hij leeft nog. Dezen winter is hij zeer aan het kwijnen geweest; nu bekomt hij toch weder allengs; maar hoe lang zal het duren? De goede God alleen weet het. Twee en tachtig jaar en half blind!...."

„Zou ik hem niet kunnen zien, vrouw?"

„Neen, mijnheer, hij ontvangt sedert maanden niemand meer dan den pastoor en den dokter."

„Maar, vrouw, ik kom uit Holland alleenlijk om hem te spreken. Hij kent mij wel..... Zie, op dit kaartje staat mijn naam. Toon hem dit en hij zal mij oogenblikkelijk willen zien."

„Ik geloof het niet, mijnheer," zeide de dienstmeid het hoofd schuddende; „ik zal evenwel uw kaartje dragen. Zet u neder, mijnheer; ik kom spoedig met een antwoord terug.... waarschijnlijk met eene weigering: mijnheer Homans wil volstrekt niemand meer zien."

Zij ging de kamer uit en liet den vreemdeling in angstigen twijfel, of hij niet werkelijk zou worden afgewezen. Zou hij dus ook deze laatste hoop moeten opgeven? Maar kon hij niet de tusschenkomst van machtige lieden inroepen, om den ouden man te mogen naderen? Zijne weigering zou dus niet afdoende zijn....

Eene andere overweging ontstond in zijnen geest. Dit huis, van buiten zoo nederig, had hem eerst doen denken dat de rentmeester der barons Van Berkhout in zijnen ouden dag tot armoede was vervallen. In dit geval hadde hij zeker met geluk tot het verzachten van des grijsaards lot bijgedragen; maar nu twijfelde hij niet meer, of hij moest zich misgrepen hebben; want deze kamer, of liever deze kleine zaal, was met tapijten belegd en hare meubelen en versiersels, zonder prachtig te zijn, toonden genoeg dat de eigenaar er van zekeren welstand moest genieten.

De meid kwam beneden en riep met de armen in de hoogte:

„Mijnheer, o mijnheer, het is eene wonderlijke zaak! Toen mijn meester zijnen bril had opgezet en met veel moeite uwen naam gelezen, sprong hij op van zijnen stoel en bleef wel twee minuten alleen rechtstaan, — hij die sedert eene maand zich niet meer zonder hulp kon oprichten! Hij keek ten hemel en riep: „Hammes! Hammes! Is het mogelijk? Hij leeft nog? God, gij hebt hem niet gestraft!" O, hoe scheen mijn arme meester ontsteld en vergramd toen hij, als uitgeput, in zijnen zetel terugviel! Is uw naam Hammes? Gij hebt hem dus vroeger kwaad gedaan, mijnheer? Zulken goeden man, het is niet wel, wees zeker....."

„En hij weigert mij te ontvangen?" zuchtte de vreemdeling treurig, zonder op hare vraag te antwoorden. „Het zij zoo; ik zal mijne toevlucht tot andere middelen nemen, om uwen meester te mogen spreken."

En hij deed een paar stappen naar de deur.

„Maar neen, gij bedriegt u, mijnheer," riep de meid. „Integendeel, hij gebood mij u bij hem te brengen. Kom, volg mij naar boven: ik zal u de kamer van mijnen meester wijzen."

Door den vreemdeling gevolgd, beklom zij de

trap tot op de tweede verdieping. Hier opende zij eene deur en zeide:

„Ga binnen, mijnheer; ziedaar mijn meester."

De grijsaard in eenen nachtrok gewikkeld zat in eenen breeden armstoel, met rug en lenden tegen dikke kussens geleund. Hij was uiterst mager en had nog slechts de huid over het gebeente. Zeker, hij moest ziek zijn, want nevens hem stond een tafeltje met medicijnfleschjes en koeldranken. De arme man zou naar alle waarschijnlijkheid niet lang meer leven.

Maar de verschijning van den onverwachten bezoeker scheen hem weder als een electrische schok te treffen en zijne laatste krachten aan te prikkelen; want hij rukte zijnen bril af, om, zoo mogelijk, van verre te kunnen zien, en greep met zijne beenige vuisten de leuningen van zijnen zetel aan om dus zijn hoofd vooruit te brengen.

„Ik groet u, goede heer Homans," zeide de vreemdeling. „Het is mij een waar geluk, na schier twintig jaren, u nog te mogen terugzien. Herkent gij mij niet? Ik ben de graaf Van Hammes."

„Mijne oogen zijn duister, ik zie u niet duidelijk, mijnheer," mompelde de oude rentmeester sidderend van ontsteltenis; „maar mijn hart, dat zoo ijselijk klopt, zegt mij dat gij waarheid spreekt. Ja, gij zijt de graaf Van Hammes, ja, gij zijt het, die mijne oude dagen hebt vergiftigd. Sedert het noodlottig tijdstip heb ik niets meer gehad dan rouw en verdriet. Ho, wist gij wat kwaad gij mij hebt gedaan!"

„Ik kwaad gedaan aan u?" zeide de graaf verwonderd. „Nooit, gij bedriegt u wel zeker, goede man."

„Het is waar," wedervoer Homans, vinnig schertsend, „aan mij niet: aan mijnen meester, den baron Van Berkhout, en aan zijn eenig kind; maar is dit niet hetzelfde? Hebben de heeren Van Berkhout mij, arme wees, niet uit medelijden doen opvoeden, mij beschermd totdat ik een man was geworden, mij van vader tot zoon beladen met gunsten, mij hun rentmeester gemaakt, mij hun vertrouwen en hunne vriendschap geschonken? En zou ik niet, evenveel als zij zelven, lijden door hun ongeluk, en haten wie de oorzaak was van hun verderf.... en, God behoede het, van hunnen vroegen dood misschien?"

„Dood? Zijn zij dood?" stamelde de graaf, van angst verbleekende.

„Ik weet het niet, maar ik vrees het," gromde de oude man.

„Gij spreekt van verderf? Indien zij nog leven, zouden ze dus hun fortuin geheel of gedeeltelijk verloren hebben?"

„Dit weet ik insgelijks niet," was het onwillig antwoord.

De graaf, die uit eerbied voor den zieken en uitgeleefden grijsaard, zijn ongeduld poogde te bedwingen, nam eenen zetel, en, dien dichter schuivende, zeide hij:

„Bedaar toch, mijn goede heer Homans. Wij hebben zeker niet wel jegens den baron Van Berkhout gehandeld; maar dat ons gedrag zulke erge gevolgen zou hebben, wie kon dit voorzien? Want dergelijke dingen geschieden toch zoo menigmaal in de wereld, zonder dat...."

„Hoe?" viel de oude rentmeester in zijne rede. „Er is, na jaren vriendelijk verkeer, na het ontstaan eener oprechte en vurige liefde, een huwelijk besloten tusschen uwe beide huisgezinnen. De gansche adel is er mede bemoeid, de wereld spreekt er over als over de schoonste verbintenis; Zijne Majesteit de Koning zelf wenscht u geluk, de ondertrouw wordt gevierd.... en om politieke redenen breekt gij eensklaps die huwelijksbelofte en levert mijnen meester en zijne dochter over aan den openbaren spot! Maar gij kendet hem dus niet? Of anders hebt gij hem dien doodsteek wetens en willens toegebracht. Mijn meester had de faam, een streng en hardvochtig man te zijn. Hij was integendeel goed en edelmoedig; maar het gevoel der waardigheid van zijn geslacht vervulde hem geheel. In zijne bijna ziekelijke fierheid over dit punt, moest alles, wat hem als eene onteering van zijnen naam voorkwam, hem doodelijk treffen; en dit alleen kon het verrassend en anders onbegrijpelijk besluit verklaren, dat hij heeft genomen. Ach, heer graaf, gij wist het misschien niet gansch op dit oogenblik; maar terwijl gij uwen armen zoon, uwen goeden Willem, ondanks zijne tranen, tot een ander huwelijk dwongt, hebt gij voor eeuwig het geluk vernietigd van twee menschen, zoo edelmoedig, zoo goed en zoo waardig, dat God, die rechtvaardig is, wel zeker over dien meineed, over die wreedheid, u hier of hier namaals rekening zal vragen!"

De graaf had eene beweging gedaan en eenige woorden gemompeld, als wilde hij den ouden Homans in de rede vallen; deze door zijne ontroering medegesleept, had evenwel geene onderbreking toegelaten.

Nu zeide de graaf:

„Maar, goede man, gij misgrijpt u. Ik zelf was de verloofde van Hortensia; ik ben Willem de Hammes, dien gij medelijdend schijnt te beklagen en die inderdaad wel ongelukkig was. Mijne ouders zijn dood, sedert vele jaren; zij hebben hunne noodlottige beslissing genoeg betreurd, om ons te laten gelooven dat God hun die dwaling heeft vergeven."

„Gij zijt Willem? Willem de Hammes?" mompelde Homans met eenen helderen glimlach. „Ja, gij moet insgelijks, in den eerste toch, veel geleden hebben, daaraan twijfel ik niet."

„Mijn gansch leven!"

„Maar gij zijt getrouwd sedert.... sedert achttien jaar? tijd genoeg om mijne arme meesteresse te vergeten....."

„Vergeten? Geen oogenblik. Mij vervolgde, als eene wroeging van mijn geweten, onophoudend de vraag of ik, met de hand der gravin De Hascot te aanvaarden, geene schuldige lafheid had begaan? En evenwel ben ik overtuigd, dat de sterkmoedigste man, in mijnen toestand, niet anders had kunnen handelen. O, wist gij, welke onweerstaanbare drukking men van alle kanten op mij heeft uitgeoefend! Mijne ouders, mijne oomen, het gansche Hof, de koning zelf. De politieke haat gloeide in aller hart. Ik zou mij door de banden des bloeds met muiters, met vijanden mijns konings en mijns vaderlands verbinden? Iedereen verfoeide zulk huwelijk als de eeuwige onteering van mijn geslacht. Hoe het zij, ik heb, door twintig jaren van een bitter en troosteloos leven, mijne gehoorzaamheid wel wreed geboet."

„Ik geloof u, heer Willem; uwe brieven, welke ik heb gelezen, lieten mij niet twijfelen, of gij moest door die geweldige scheiding even ongelukkig zijn als mijne arme meesteresse."

„Hortensia meende mij plichtig aan vrijwilligen meineed, nietwaar?"

„Ach, het goede kind! Zij verontschuldigde u bij haren vader met tranen van medelijden; want zij dacht meer aan de wanhoop, die u moest treffen, dan aan haar eigen verdriet."

„En de baron Van Berkhout?"

„Met hem stond het geheel anders. Hij was woedend en wilde naar Holland, om uwen vader tot een tweegevecht te dwingen, en dus, volgens zijne meening, den hoon hem aangedaan met bloed uit te wisschen; maar jonkvrouw Hortensia, zoolang men van uw huwelijk met de gravin De Hascot niet wist, deed hem hopen dat uw vader op zijn besluit nog kon terugkomen. De lange brief, welken gij alsdan haar hebt geschreven, gaf deze hoop voedsel.... en later, later hebben zij, eilaas, België verlaten, om nimmer nog hun vaderland terug te zien!"

„En waar zijn ze nu?" vroeg de graaf.

De oude man haalde sprakeloos de schouders op.

„Gij moet het weten. Kom, wees goed, zeg het mij."

„Ik weet het niet. Geen mensch in België weet het.... En wist ik het, toch zou ik het niet openbaren; want ik heb redenen om te denken, dat mijne meesters, indien ze nog leven, verlangen dat niemand, die hen vroeger heeft gekend, verneme waar zij zich bevinden."

Deze stellige weigering des grijsaards scheen den graaf diep te bedroeven. Hij meende te mogen gelooven dat Homans meer wist dan hij nu wilde zeggen, en hij hoopte, met eenig geduld, toch allengs hem openbaringen te ontlokken, die hem op het spoor tot verdere opzoekingen mochten brengen.

„Rust een weinig, heer Homans; gij zoudt u kunnen vermoeien," zeide hij.

„Mij vermoeien?" schertste de grijsaard met eenen glimlach. „Was alles zoo goed in mij als het hoofd en de borst, ik zou nog lang leven; maar andere wieltjes zijn versleten in mijn horloge. Ik ben eigenlijk nooit ziek geweest, heer graaf; het is de ouderdom; ik zal uitgaan als een kaarsje, dat is opgebrand."

„Ik vraag u om verschooning, zoo lang u bezig te houden; maar gij begrijpt, welk diep belang ik stellen moet in het lot van Hortensia, van de eenige vrouw, welke ik heb bemind en die mij op aarde gelukkig zou gemaakt hebben, had niet een noodlottige samenloop van onverwachte omstandigheden haar en mij veroordeeld tot een leven van treurnis en smart."

„Maar al wist gij ook waar mijne meesters nu verblijven, wat zoudt gij voor hen kunnen doen?" vroeg de oude Homans. „Wat is uw doel, mijnheer?"

„Mijn doel? Ik ga het u zeggen. Mij was het niet onbekend dat, kort na mijn huwelijk met de gravin De Hascot, uwe meesters hunne goederen in België hadden doen verkoopen en uit het land waren verdwenen, zonder aan anderen dan aan vertrouwde en bescheidene lieden, te openbaren waar zij hun verblijf gingen houden. Dewijl ik sedert dan immer aan hen heb gedacht, groeide na vele jaren in mij de vrees, dat hun welstand kon verminderd zijn; dat zij misschien in vernedering leefden, door de inkrimping van hun fortuin. Ik weet het niet uit te drukken: ergere gezichten nog spookten mij door de hersens. Ik was rijk door mij zelven en erfde nog daarbij het ontzaglijk fortuin van mijnen moederlijken oom, zoodat ik mij mocht beroemen een der rijkste lieden van gansch Nederland te zijn. Dan ontstond in mij de vurige begeerte om het verblijf en het lot van den baron Van Berkhout en zijne dochter te kennen, en, mocht het noodig of nuttig zijn, een groot gedeelte van mijn fortuin op te offeren om hen, onder dit opzicht, in den toestand te herstellen, dien het besluit mijner ouders hun waarschijnlijk had doen verliezen."

„Geld aan den baron Van Berkhout!" spotte de rentmeester met eenen grijns van verontwaardiging. „Geld van u? Waar zijn uwe zinnen, heer graaf?"

„Ik weet het, gij hebt gelijk, Homans; maar Hortensia kon alleen op de wereld gebleven zijn, en ik hoopte dat zij ten minste aan de zuiverheid mijner inzichten zou kunnen gelooven. Dan, mijne vrouw leefde nog en ofschoon zij weinig achting verdiende en mij diep ongelukkig maakte, wilde ik, uit menschelijk plichtgevoel, voor alsdan geene poging aanwenden om Hortensia terug te zien. Nu is mijne vrouw reeds sedert anderhalf jaar uit het leven gescheiden, en ik ben gansch vrij. Ik bezweer u, goede heer Homans, bij uwe verkleefdheid voor uwe meesters, zeg mij waar ik hen kan vinden; zeg mij ten minste, of eenige honderdduizenden guldens iets tot hun geluk zouden kunnen bijdragen, al moest het hun door eene onbekende hand worden toegezonden."

„Ik twijfel niet aan de oprechtheid uwer inzichten," antwoordde de grijsaard, „maar geloof mij: ik weet niets, niets."

Er heerschte eene wijl pijnlijke stilte; de graaf zuchtte hoorbaar en wrong van ongeduld de vuisten.

„Gij ten minste zijt niet edelmoedig in uwe onverbiddelijke weigering," gromde hij. „Gij verbergt mij de waarheid!"

„Oordeel er over, heer graaf," wedervoer de oude rentmeester. „Wat ik weet, ga ik u, zoo kort mogelijk, zeggen."

„O, heb dank, ik luister!"

„Het zal niet veel zijn, heer graaf.... Er bestond dus eene huwelijksbelofte tusschen u en mijne jonge meesteresse en ieder juichte de verbintenis toe van twee zoo edele geslachten en twee zoo schoone en beminnenswaardige jongelieden. De strijd tusschen Belgen en Hollanders in de Statenkamers en in de dagbladen had eene onrustwekkende hevigheid bereikt. Tot dit tijdstip had mijn meester openlijk de zijde van koning Willem gehouden; maar dan, over een vraagpunt van Bestuurafscheiding tusschen Noord- en Zuid-Nederland, had hij zich ten voordeele der Belgen verklaard. Dit was genoeg om hem de ongenade des konings en den haat uws vaders op den hals te halen. Uw huwelijk werd uitgesteld. De omwenteling van 1830 brak los en gij vluchtet naar Holland bij den koning. Of jonkvrouw Hortensia, die u onuitsprekelijk beminde, onder de smart gebogen lag en tranen stortte, dit behoef ik u niet te zeggen. — Dan kwam uw lange brief, waarin gij vader en kind poogdet te troosten en gerust te stellen door de verzekering dat, wat er ook mocht gebeuren, gij getrouw aan uwe belofte zoudt blijven. Dit welsprekend, en waarschijnlijk alsdan nog grondig gemeend schrift, bereikte zijn doel. Mijn meester en zijne dochter, hoe angstig nog, bedaarden en hoopten gedurende eenige weken; maar dan bracht de post hun eenen tweeden brief van u, waarbij gij hun liet weten — met woorden der diepste vertwijfeling inderdaad, met kreten van smart en rouw — dat gij in 't huwelijk gingt treden met de gravin De Hascot; uwe ouders, uwe oomen, de koning wilden het en gij moest gehoorzamen. — Die tijding brak als een doodelijke donderslag boven het hoofd mijner meesters los. Hortensia viel ten gronde met eenen hartscheurenden gil en bleef zeer lang buiten bewustheid; de baron Van Berkhout zwoer dat hij naar Holland ging vertrekken, om uwen vader of om u zelven in tweegevecht te beroepen. Niets kon zijne gekrenkte eer herstellen dan de dood van eenen zijner beleedigers. Hij deelde inderdaad bevelen uit, om den dag daarna op reis te gaan; en, hoe jonkvrouw Hortensia ook bad en smeekte, hij was van dit opzet niet af te brengen.... In den avond van dien dag, toen de dienstboden met elkander over deze treurige zaak spraken, hoorden wij de deur der kamer op het verdiep — waar de heer baron zich met de jonkvrouw bevond — eensklaps geweldig toewerpen en den sleutel in het slot draaien. Hierop ontstond in die kamer een schrikverwekkend gekerm der jonkvrouw, die om hulp scheen te roepen of om genade te smeeken. Wij luisterden sidderend, doch konden noch de klachten der jonkvrouw noch de woedende bedreigingen des barons verstaan. Allengs vermeerderde dit gerucht in kracht en akeligheid. Wij ijsden bij de vrees, dat mijn meester zinneloos kon geworden zijn en misschien, in zijne geestverdwaling, zijne dochter het leven wilde benemen...."

„O God, wat gebeurde er toch?" zuchtte de graaf, zijn benepen hart door eenen langen zucht ontlastende.

„Ik weet het niet. God alleen kan het weten," ging de grijsaard voort. „Langen tijd belette de eerbied ons, een besluit te nemen; maar eindelijk kon ik mijnen angst niet meer wederstaan, en, door de dienstboden gevolgd, liep ik naar boven, wel besloten de deur der kamer in te slaan bijaldien de baron, in zijne waanzinnigheid, weigerde ze te openen. Op mijn eerste kloppen, vroeg de baron van binnen: „Wie is daar?" En toen ik hem zeide, dat ik het was, zijn verkleefde dienaar en rentmeester, antwoordde hij met ontstelde stem: „Ach, ik bid u, Homans, gelief een oogenblikje te wachten; ik laat u onmiddellijk binnen." — Inderdaad, heer graaf, na een paar minuten der vervaarlijkste stilte, opende mijn meester de deur en vroeg ons, met eenige verwondering doch zeer bedaard: „Nu, wat beteekent dit? Wat doet gij daar allen? Gij schijnt verschrikt? Is het dan verwonderlijk dat edellieden, als wij, verdriet hebben wanneer zij zoo diep in hunne eer worden gekrenkt? Gaat gerust naar beneden en laat ons ongestoord over onze vernedering treuren." — Wij zagen jonkvrouw Hortensia op eenen stoel zitten. Zeker, zij had geweend, want hare oogen waren rood van tranen; maar nu knikte zij met het hoofd om haars vaders woorden te bevestigen en zij glimlachte zelfs, of poogde te glimlachen. Verbluft en beschaamd, deinsden wij achteruit en gingen naar beneden; maar de baron riep mij en gebood mij, hem naar zijn kabinet te volgen. Hier zeide hij mij, op zonderling korten toon en met verrassenden nadruk: „Homans, ik heb vertrouwen in uwe verkleefdheid en in uwe bescheidenheid. Geef mij daarvan, ik smeek u, een nieuw en opperst bewijs. Luister en onthou mijne woorden. Ik ga niet naar Holland; dit is mij nu volstrekt onmogelijk. God zal onze beleedigers straffen. Hier, waar mij die bloedige hoon is geschied, wil ik evenwel niet blijven. Ik vertrek morgen met mijne dochter naar verre landen. Wanneer wij zullen terugkeeren, dit weet ik niet. Waak dat alles hier op eenen goeden voet blijve; maar bovenal, belet de dienstboden buitenshuis over deze reis te kouten. Zorg insgelijks dat geen onzer bekenden, om welke reden het zij, tot het voornemen kome, ons op te zoeken. Indien iemand u dwingt tot spreken, zeg dat wij naar Zwitserland en naar Italië zijn gereisd, maar dat gij geene tijding van ons hebt en niet weet waar wij zijn.... Aan u, verkleefde dienaar en vriend van mijn huis, zal ik evenwel vertrouwen — als een onverbrekelijk geheim, hoort gij, Homans? — dat ik ga verblijven in de nabijheid van Weslar, waar ik, zooals gij weet, op den grond van Draunfels eene groote hofstede en een jachthuis bezit. Schrijf mij niet. Zwijg met iedereen en poog iedereen te beletten over ons te spreken?.... Hebt gij mij begrepen? Mag ik op u betrouwen?" — Ik beloofde natuurlijk al te doen wat mijn ongelukkige meester verlangde.... Des anderen daags is hij op reis gegaan met de arme jonkvrouw. Toen ik hen zag vertrekken, zonder de minste zekerheid te hebben, hen nog ooit weder te zien, barstte ik los in eenen bitteren tranenvloed.... maar zij waren weg, eilaas!"

En onder deze pijnlijke herinnering bevochtigden zich de oogen des grijsaards.

„Zij waren weg, en gij hebt hen sedert dan niet meer wedergezien?" vroeg de graaf, met eene stem die schor was door ontroering.

„De jonkvrouw? Neen, nooit meer heb ik nog het geluk gehad haar te mogen aanschouwen; maar de baron Van Berkhout, is kort daarna, nog tweemaal uit Duitschland te Brussel gekomen. De eerste maal deed hij door eenen notaris volmachten op mijnen naam schrijven, om al zijne goederen, met de grootste haast en tot welken prijs ook, te verkoopen, zelfs de meubelen zijner vaderlijke woning. Het was, om zoo te zeggen, nog in volle revolutie. De eigendommen stonden verre beneden hunne echte waarde. Koopers waren in zoo korten tijd moeilijk te vinden dan ten prijze van onmatige opofferingen. Mijns meesters fortuin smolt weg tot op de helft.... De tweede maal kwam de baron het geld halen, dat ik, op zijn bevel, ter beurs tegen alle soorten van openbare fondsen had verwisseld. Hij gaf zijne dienstboden hun ontslag, met twee volle jaren wedde; en mij schonk hij in zijne edelmoedigheid genoeg, om mijne oude dagen tegen allen nood te verzekeren. Sedert dan heb ik van hem niets meer vernomen. Drie jaar later ben ik zelf eens naar Draunfels gereisd. De hofstede en het jachthuis waren insgelijks verkocht, en men zeide mij daar dat de laatste eigenaar met zijne dochter was vertrokken, om eene reis naar Palestina te ondernemen..... Dit is, heer De Hammes, al wat ik weet. Ach, haddet gij kunnen voorzien, nietwaar, welke schrikkelijke gevolgen het breken uwer belofte moest hebben!"

„Ik ben misschien schuldig, inderdaad," zuchtte de graaf. „Gij weet dus mij niets te zeggen, dat mij op hun spoor kan brengen? Het is om wanhopig en radeloos te worden! Gelooft gij, Homans, dat zij zich in nood zouden kunnen bevinden?"

„Het is eene gedachte, heer, die sedert vele jaren mij vervolgt in mijne droomen. Een fortuin, hoe groot ook, dat alleenlijk uit papier bestaat, is zoo wankelbaar! Zie slechts de revolutie, die verleden jaar in Frankrijk is losgebarsten. Alle fondsen zijn schrikwekkend gedaald. Zoo iets is genoeg om lieden, die in zekere omstandigheden verkeeren, in eens geheel te verderven."

„Hemel, de goede, de edele Hortensia zou gebrek kunnen lijden, in vernedering leven, door mijne schuld! Het lot is mij ongunstig; maar toch, ik wil worstelen al ware het tot mijnen laatsten dag. Ik zal, ik zal weten waar zij is. Morgen vertrek ik naar Weslar en naar Draunfels; ik wil hun spoor ontdekken, en het volgen en het ten einde loopen, al hadden zij de gansche wereld rondgereisd.... Nu, goede heer Homans, laat mij u de hand drukken. Wees gedankt voor uwe goedwilligheid en bid God, dat hij mijne stappen geleide. Kan iets, kan geld tot uw geluk nog bijdragen, zeg een enkel woord."

„Neen, heer, ik dank u uiterharte," antwoordde de grijsaard, terwijl hij een gebaar deed, als wilde hij den graaf de stilte opleggen.

„Er ontstaat in mij eene gedachte," zeide hij welhaast. „Een enkel persoon in Brussel zou u wellicht dingen kunnen zeggen, die.... maar ik twijfel er aan."

„Een persoon, die mij inlichtingen zou kunnen geven over het verblijf van Hortensia?" riep de graaf juichend. „O, spreek, ik bid u!"

„Neen, aanduidingen over hun vroeger verblijf misschien. Het is de notaris Bortels, in de Nieuwstraat, te Brussel, die den verkoop van mijns meesters goederen heeft beschreven. Ziehier waarop mijn vermoeden is gegrond. Een vijftal jaren na des barons vertrek, is gemelde notaris voor andere belangen naar Weenen gereisd. Bij zijne terugkomst heeft hij op de beurs een aantal fondsen te koop aangeboden, waaronder ik er meende te herkennen, die ik den baron Van Berkhout had ter hand gesteld; maar ik was er niet zeker van. Eenige dagen later is de notaris mij komen bezoeken, en heeft op eene zeer zonderlinge en geheimzinnige wijs, naar mijnen toestand en naar den toestand van zekere oude bedienden des barons vernomen. Ik vermoedde dat hij mijnen meester te Weenen moest gezien hebben en ondervraagde hem daarover; maar hij ontkende het en bracht mij in twijfel. Nu denk ik daar weder aan. Met u, heer graaf, als hij uw edelmoedig inzicht kent, zal hij misschien openhartiger zijn."

De graaf De Hammes greep de beide handen des grijsaards en zeide:

„O, hoe dank ik u! Ik vlieg naar Brussel. Mocht ik gelukken! In dit geval, heer Homans, ziet gij mij weder. Vaarwel, vaarwel!"

En de graaf verliet in alle haast de kamer en het huis.

II.

Op een paar uren gaans van de stad Yperen, om zoo te zeggen verloren op de Fransche grenzen, stond een kasteel, het Tempelhof genaamd, omdat het volgens de openbare meening vroeger aan de orde der Tempelridders had toebehoord. Het was evenwel sedert een tiental jaren gansch in nieuwerwetschen trant herbouwd geworden en toonde nu, te midden van geurend bloemgebosch, zijnen prachtigen, onlangs wit geschilderden gevel, dien het hevige licht der zomerzon als een reusachtigen spiegel deed glansen.

Eene laan van groote linden bezoomde den weg, die van het kasteel naar den openbaren weg leidde.

Dien morgen stonden twee personen in de schaduw der linden te kouten. De eene, in het groen gekleed, als een jachtbewaker, deed velerlei gebaren en sprak soms met zekere driftigheid. De andere, een jonge heer met zwierige kleeding en van zeer deftig voorkomen, luisterde in verslondenheid en hield het gezicht ten gronde. Slechts nu en dan maakte hij eene korte bemerking. Wat hij hoorde scheen hem te tergen of met wanhoop te vervullen; want bijwijlen liep er eene rilling door zijne leden, of hij balde de vuisten of schudde treurig morrende het hoofd.

Zelfs toen deze samenspraak ten einde was geloopen en de jachtbewaker zich met eenen eerbiedigen groet had verwijderd, bleef de jonge heer nog eene wijl in zijne overwegingen bedolven. Hij hief echter welhaast de oogen ten hemel en zeide klagend:

„God, rechtvaardige God, hoe kunt Gij het gedoogen? Hebzuchtige lieden, die eene arme maagd — engel van zachtheid en eenvoud — het slachtoffer hunner gierigheid maken! die het onschuldige lam levend pogen op te sluiten in een graf, opdat geen medelijdend oog hunne wreedheid zou doorgronden. O, het roept om wraak!..."

Hij deed eenige stappen naar het kasteel; maar hij bleef weder staan, alsof eene plotselijke gedachte hem verschrikte.

„Wie zou het durven gelooven?" morde hij. „Die ziellooze dwingeland, die onmeedoogende beul, zou haar eigen grootvader zijn? IJselijk, ijselijk!"

En met tragen stap zijnen gang hernemende, murmelde hij, nog even aangejaagd, in zich zelven:

„Geldzucht, geldzucht, helsche drift, die het menschelijk hart kan ontaarden tot de miskenning der opperste natuurwet, tot de verdrukking van zijn eigen bloed!.... Zij, de zoete Ida, zij zou lijden sedert vele jaren? veroordeeld zijn om te verkwijnen in eene akelige eenzaamheid? Die teedere bloem, men zou ze doen verstikken bij gebrek aan lucht? O, neen, neen, dit kan niet zijn.... en moest ik alleen het beletten, zelfs ten koste van mijn leven.... Maar hoe? Wat gedaan? O God, verlicht mijnen ontstelden geest!"

Een oogenblik daarna schenen zijne gedachten een weinig bedaarder te worden. Hij bracht den vinger aan zijn voorhoofd en mompelde:

„Nu begrijp ik het! Als ik, des Zondags, bij den uitgang der kerk, Ida nader om haar en hare ouders te groeten, ziet mijnheer Von Oberheim mij telkens aan met somberen doordringenden blik, als wilde hij mij verslinden. Wanneer hij, met die ijswekkende kortheid, gromt: „Ida, kom!" dan schijnt de arme jonkvrouw in al hare leden te beven.... En hare moeder, mevrouw Von Weiler? Ach, zij is het ware beeld des lijdens en des verdriets. De smart staat in diepe trekken op haar kwijnend gelaat gedrukt.... Zoo, zoo, mijnheer Von Oberheim vreest mij? Zou hij het voorgevoelen dat ik, hoe jong ook, door God kan geroepen zijn om twee arme slachtoffers uit zijne klauwen te rukken?

Ha, ha, wij zullen zien hoe het zal eindigen!"

Terwijl hij deze laatste woorden sprak, opende hij het hek van het kasteel, stapte door eenen bloemrijken voortuin, gaf zelfs geene acht op zijne twee honden, die streelend rondom hem sprongen, ging binnen, beklom de trap, opende eene deur en liet zich op eénen stoel vallen. Hij blikte onvast door de ruimte en scheen gansch weggerukt door zijne gepeinzen.

Deze jongeling kon vier of vijf en twintig jaar oud zijn. Terwijl hij daareven het lot van jonkvrouw Von Weiler beklaagde, fonkelden zijne zwarte oogen en getuigden zijne uitdrukking en zijne gebaren van wil, ja, van overdrevene gemoedskracht; maar, zooals hij daar nu in schijn rustig zat, waren zijne wezenstrekken zeer zacht en droegen zelfs den stempel van goedheid en eenvoud.

Toen hij reeds een paar minuten in stille overweging was verzonken gebleven en zelfs, met het hoofd op de handen, den blik ten gronde had gericht, trad er eene bejaarde dame in de kamer met een papier in de hand.

Zij bleef bij de deur staan en haalde glimlachend de schouders op. In hare oogen blonk de scherts:

„Alweder? Arme gek!"

Den jongeling naderende, zeide zij:

„Hugo, het is mislukt, mijn jongen. Hoor eens,

welk antwoord ik ontvang. — „Mr. Von Oberheim, Mevr. Von Weiler en hare dochter Ida hebben de spijt, Mevr. de barones Van Giersteen te moeten laten weten, dat het hun volstrekt onmogelijk is, hare vereerende uitnoodiging te aanvaarden." Zoo kort, zonder eenige verontschuldiging! Zij zijn onbeleefd, die menschen. Wat denkt gij daarover, Hugo?"

De jongeling wrong zijne leden en, zonder op de hem toegestuurde vraag te antwoorden, riep hij stampvoetend uit:

„Neen, neen, moeder, dat kan niet blijven duren! Mijn hoofd brandt, ik heb de koorts, ik zal er de zinnen bij verliezen. O, moederlief, wist gij hoe diep ongelukkig ik ben!"

En weder legde hij, als geheel ontmoedigd, zijn hoofd op de handen.

„Nu, ja, mijn zoon, wij kennen die ziekte en dit ongeluk wel," schertste de barones Van Giersteen met eenen stillen lach; „maar gij, die anders een redelijk man zijt, waarom laat gij u dus tot kinderachtige, of — hoort gij het liever — tot poëtische opgewondenheid vervoeren? Maanden lang vergenoegdet gij u met elken Zondag eenen groet en eenen oogslag met jonkvrouw Ida von Weiler te wisselen. Gij bemerkt eindelijk dat er liefde voor haar in uw hart is gegroeid.... en gij wilt nu dat op eenige dagen tijds uwe genegenheid het vrije veld gegeven worde om recht naar haar doel te loopen? Dat gaat zoo niet, en het mag zoo niet gaan. Wat geeft het, dat men nu onze uitnoodiging weigere? Wij zullen wel iets anders uitvinden, om in nadere betrekking met de lieden van den Ouden Steen te geraken. Tusschen hen en ons, die toch van goeden adel zijn, kan er geen ware hinderpaal bestaan. Kom, mijn zoon, wees getroost: gij zijt een welgemaakte jongen, Ida is een bevallig meisje; gij moet geduld hebben, het zal beter gaan dan gij meent. Vergeet hunne weigering; misschien hebben zij waarlijk belet."

„Maar neen, moeder, dat is niet wat mij dus den geest ontstelt," morde de jongeling met spijtig ongeduld. „O, wist gij wat ik heb vernomen!"

„Gij hebt iets over hen vernomen? Iets gewichtigs?"

„Iets ijselijks moeder. Het is wreed, schandelijk, monsterachtig!"

„Hemel, gij doet mij beven," stamelde de barones, eenen stoel nader schuivende. „Nu, Hugo, spreek! Iets schandelijks? Ho, ho, dit ware erger. In dit geval zou ik u beklagen en medelijden met u hebben; want zoo de faam dier personen niet ongekrenkt was gebleven, Hugo, dan.... gij begrijpt, nietwaar? Wij zijn van ouden adel; ik loop daar wel niet hoog mede; maar de eer.... dit is wat anders!"

„Neen, gij bedriegt u, moederlief; wat ik vernomen heb, betreft noch de eer noch de goede faam, zooals de wereld het verstaat."

„Wat dan, mijn zoon?"

„Ik zal u zeggen, moeder, waarom ik zoo ontsteld ben, waarom het hart mij bloedt van medelijden. Ida is ongelukkig, zij wordt wreedelijk verdrukt en gemarteld; het arme lam moet bezwijken onder het verdriet. Eilaas, zij is veroordeeld tot eenen vroegen kwijndood.... en haar dwingeland, haar beul is haar eigen grootvader, mijnheer Von Oberheim!"

„Bah, bah, dit is een vertelsel van Blauwbaard," zeide de barones.

„Neen, moeder, het is waarheid."

„Maar welke bewijzen hebt gij er van?"

„Gij weet wel, moeder, Jakob, de jager, die bij den Reigerspoel woont?"

„Ja, ik ken hem; hij heeft de faam van een babbelaar te zijn, die zich veel bemoeit met zaken die hem niet aangaan. Toen uw vader leefde, heeft hij nog als boomsnoeier op het kasteel gewerkt."

„Welnu, moeder, in het begin van verleden jaar, weinig tijds nadat mijnheer Von Oberheim in deze streek is komen wonen, heeft hij Jakob als hovenier aangenomen; en zoo heeft Jakob vier maanden lang op den Ouden Steen gewerkt en kunnen zien wat er binnen die hooge, sombere muren geschiedt. Ik heb hem daar straks in de dreef ontmoet, en wat hij mij zeide, deed mij van angst en verontwaardiging beven."

„Gij maakt mij waarlijk nieuwsgierig, Hugo. Nu, laat hooren; wat vertelde hij u zoo schrikkelijks?"

„Ach, moeder, op den Ouden Steen," zeide de jongeling met eenen diepen zucht, „is het erger dan in een gesloten graf, door dooden bewoond. Mijnheer Von Oberheim dwaalt den ganschen dag sprakeloos rond door de gebouwen, door den tuin en door het donker park; hij bespiedt, hij luistert, hij vreest als ware hij de cipier van dezen ijselijken kerker. Zijne gevangenen zijn Ida von Weiler en hare moeder. Der arme jonkvrouw worden lucht en ruimte met gierigheid afgemeten. Komt zij in den tuin of in het park, dan volgt de oude Von Oberheim haar overal waar zij gaat, evenals een angstig bewaker. Hare moeder, uit medelijden voor het onschuldig slachtoffer ongetwijfeld, weent altijd, ten minste hare oogen schijnen immer het nagelaten spoor van onlangs vergoten tranen te toonen. Mijnheer Von Oberheim spreekt bijna nooit, tenzij om de arme maagd met barschheid te bejegenen. Er zijn twee knechts en twee meiden; allen Duitschers of Zwitsers, even stom en achterhoudend als hun zwijgende meester. Zij trekken eene driedubbele jaarwedde tot prijs hunner bescheidenheid, hunner medeplichtigheid, mag men zeggen. Ach, in zulk somber graf moeten jonkvrouw Ida en hare moeder leven, zonder lucht, zonder vrijheid, zonder vriendschap, verdrukt, gemarteld, totdat de kwijndood hen verlosse uit de akelige slavernij! Een grootvader, de koelhartige beul zijner kinderen! Roept het niet om wraak bij God, moeder?"

Mevrouw Van Giersteen had met angstige verbaasdheid geluisterd. Nu schudde zij eene wijl het hoofd in twijfel; maar dan zeide zij, half schertsende:

„Op mijn woord, gij hebt eenen dichterlijken geest, mijn zoon. Jakob heeft u, op zijne wijs, zijn gek verdenken medegedeeld, en daarop bouwt gij nu eenen roman, dien gij waarlijk schilderachtig voordraagt; maar, om Gods wil, hoe kunt gij gelooven dat een grootvader zoo jegens zijne kinderen zou handelen, wanneer gij niet weet door welke reden zulk ongewoon gedrag zou kunnen verklaard worden?"

„Die reden ken ik, moeder."

„Zoo? de zaak wordt ernstig en zij begint mij te verontrusten. Zeg die reden, Hugo."

„Daarover heeft Jakob evenwel geene zekerheid.

Zijne meening is het gevolg van wat hij op den Ouden Steen heeft gezien of uit de achterhoudende woorden der dienstboden denkt te mogen besluiten. Volgens hem zou mijnheer Von Oberheim weinig goeds bezitten of zelfs arm zijn. Het gansche fortuin, waarover hij nu beschikt, zou herkomstig zijn van den overleden echtgenoot van mevrouw Von Weiler, en dus werkelijk aan zijne weduwe en aan jonkvrouw Ida, zijne dochter, toebehooren. Uit geldzucht, uit gierigheid, verdrukt de wreede grijsaard de twee zwakke vrouwen; uit vrees dat Ida, die nu reeds haar achttiende jaar gaat bereiken, aan zijne verdrukking zou kunnen ontsnappen, sluit hij haar af van de wereld en veroordeelt haar om in een graf te leven, al moest ook de kwijndood van moeder en kind het misdadig middel worden, om het fortuin van Mr. Von Weiler tot den beul zijner dochter te doen opklimmen...."

„Maar dit zou afgrijselijk zijn!" riep de barones ontroerd.

„En gij begrijpt nu wel, nietwaar, moeder, waarom mijnheer Von Oberheim mij altijd zoo barsch aankijkt, als wij hem bij de kerk ontmoeten? — waarom hij, op vergramden toon, er onmiddellijk tusschentreedt wanneer ik met jonkvrouw Ida eenige onbeduidende woorden of eenen stillen groet wissel? Dat hij sedert eenigen tijd het hek van den Ouden Steen met houten schutsels heeft doen blind maken, dat hij uwe uitnoodiging onheusch afwijst, dit alles heeft dezelfde reden tot grond. Hij begrijpt dat een jonge man, dat de liefde, dat het huwelijk alleen, hem zijn slachtoffer kan ontrukken."

Mevrouw Van Giersteen bleef eene wijl in stilte overdenken. Dan zeide zij:

„Het is mij onmogelijk, aan zulk- iets te gelooven. Veronderstellen wij evenwel voor een oogenblik, dat het vermoeden van Jakob eenigen grond hebbe, ik zie geen middel voor ons, mijn zoon, om tusschen te komen in zaken die ons, ten minste wettelijk, niet aangaan."

„Alzoo, moeder," vroeg de jongeling met bittere scherts, „ik zou moeten ondadig blijven? Ha, gij meent dat ik Ida, de onschuldige Ida, zal laten doodmartelen? Ik heb u bekend, moeder, dat ik de jonkvrouw Von Weiler uit al de krachten mijner ziel bemin. Welnu, wat is oprechte liefde? Is het niet een gevoel dat bekwaam maakt tot de slachtoffering van zich zelven voor het geluk van het beminde wezen? Ik zal Ida uit de klauwen van haren dwingeland verlossen, indien ik niet bezwijk onder die edele taak!"

„Maar wat wilt gij doen, mijn arme zoon?" vroeg de barones met medelijden.

„Ik weet het nog niet, moeder," antwoordde Hugo met een straal van beradenheid in de oogen. „Al moest ik mijnheer Von Oberheim in het aangezicht slaan en hem tot een tweegevecht dwingen...."

„Wat dwaasheid! Een jongeling als gij tegen een strammen grijsaard? Men zou u uitlachen, en met reden laken, en waarschijnlijk zou het Gerecht u als een gemeen beleediger straffen. Hebt gij geen ander middel dan dit...."

„Moeder, antwoord mij oprecht, ik bid u!" smeekte de jongeling. „Indien ik de hand van Ida, het is gelijk op welke wijze, kon bekomen, zoudt gij in mijn huwelijk toestemmen?"

„Gij weet dat ik u daarover gansch meester laat, indien uw keus...."

„Welaan dan, ik zal jonkvrouw Ida oplichten en de hulp der wet inroepen, om haar en hare moeder tegen het geweld van hunnen verdrukker te beschermen."

„Sa, mijn arme zoon, zijt gij waarlijk gek geworden?" vroeg mevrouw Van Giersteen verbaasd. „Gij spreekt als een uitzinnige. Er blijven ons andere middelen over om te beproeven wat gij de verlossing van jonkvrouw Ida noemt. Bijvoorbeeld, ik kon tot mevrouw Von Weiler gaan en haar rechtstreeksch de hand harer dochter voor u afvragen."

„O, moeder," kreet de jongeling, „doe dit, en ik zal u zegenen tot mijnen laatsten dag!"

„Het is in het geheel niet zeker, Hugo, dat mijne poging den gewenschten uitslag zou hebben."

„Ik smeek u, moeder, beproef toch die poging!"

„Ja, ik wil wel; maar gij moogt niet te haastig zijn, Hugo. Er zijn zekere dingen, die ik eerst goed moet weten. Gij zijt overtuigd, nietwaar, dat jonkvrouw Ida voor u dezelfde genegenheid gevoelt? In een woord, dat zij u bemint? .... Gij antwoordt niet, mijn zoon?"

„Ik durf u niet bedriegen, moeder," murmelde de jongeling verlegen. „Jonkvrouw Ida lacht mij zoo minnelijk toe, als ik het geluk heb haar te zien; haar oogen stralen zoo zacht en zoo ontroerend in de mijne; maar, of zij voor mij gevoelt wat ik zoo vurig voor haar gevoel, dit hoop, dit geloof ik wel; maar het weten? neen."

„Voorziet gij het belachelijke mijner poging niet, Hugo, indien Ida onverschillig voor u ware gebleven en zelve uw aanbod verstiet? Gij zoudt dus eerst moeten weten, of de jonkvrouw u werkelijk eene bijzondere genegenheid toedraagt. Er zijn echter nog andere dingen, waarover ik stellige inlichtingen wil hebben. Wij weten niet van waar de bewoners van den Ouden Steen komen, noch wie zij eigenlijk zijn. Hun naam is Duitsch; maar zij spreken Vlaamsch of liever Hollandsch en Fransch en Duitsch met hetzelfde gemak. Zijn zij waarlijk van adel?"

„Jakob heeft mij gezegd, dat de dienstboden den ouden heer Von Oberheim somwijlen Freiherr noemden — dit is zooveel als baron — en de weduwe Von Weiler gravin."

„Het zij om het even; als het zooverre kwam, zich beslissend te verbinden, zouden zij wel zelven moeten zeggen, wie ze zijn en hoe hunne zaken staan. De Oude Steen is hun eigendom niet. Wat het fortuin betreft, daarop zou ik niet al te nauw zien; maar zij moeten hunne dochter toch iets kunnen meegeven...."

„Wel, moeder," bemerkte de jongeling. „daarover behoeft gij niet bekommerd te zijn. Heeft mijnheer Von Oberheim niet, in den laatsten slechten winter, duizend franken aan den pastoor gegeven om de arme menschen te helpen? Is de nieuwe autaar in de kerk, geene gift van hem? Heeft hij niet, verleden jaar, op zijne eigene kosten, den zwaren muur rondom het uitgestrekt park drie voet hooger doen optrekken? Dit werk heeft hem misschien tienduizend franken gekost. Zulke vrijwillige uitgaven doet men niet als men niet rijk is."

„Inderdaad. Ik geloof dat zij bemiddeld zijn, Hugo; aan hunnen adel twijfel ik insgelijks niet, maar ik moet er zekerheid van hebben. Blijf dus bedaard, mijn zoon, en heb nog wat geduld. Het is uwe moeder niet, die zal weigeren, tot uw geluk mede te werken, als het gevoel der eer het haar niet komt beletten. Intusschentijd zult gij misschien gelegenheid vinden om, aangaande de gezindheid der jonkvrouw jegens u, iets te weten."

„Maar hoe toch, moeder?"

„Zondag, na de mis, indien gij jonkvrouw Ida alleen kunt spreken, zou ik in uwe plaats geenen tijd verliezen in onbeduidende groetenissen. Ik zou haar vlakaf zeggen, wat mij op het hart ligt."

„Ach, ik durf niet. Zoo onverwachts; het zou de jonkvrouw kunnen kwetsen."

„Zonderling! Gij, moedig tot vermetelheid toe, gaat gij nu vervaard worden van een meisje, van een kind?"

„Mijne schuchterheid bedroeft en beschaamt mij, moeder."

„Bah, het bewijst dat gij oprecht en diep bemint, mijn jongen. Nu wat stoutheid evenwel. Uw inzicht is zuiver. Stemt Ida met uwe verklaring in, gij zult het wel merken; is zij ongevoelig voor u, het zal u evenmin ontsnappen."

„Ik zal uwen raad volgen, moeder-lief; er kome van wat wil!"

„Het rijtuig moet nu gereed staan," zeide de

barones, „ik ga naar Poperinge, waar ik tot dezen avond op het landgoed van mevrouw Gobbaerts meen te blijven. Wat zult gij doen gedurende dezen dag, mijn zoon?"

„Ik zal wandelen, moeder; ik moet onder de lucht zijn, ik heb ruimte noodig, om den angst van mijn hart te stillen."

„Maar geene dwaasheden, Hugo? Niet naar den Ouden Steen vandaag?"

„Neen, moeder, uwe goedheid heeft mij getroost en mij kracht gegeven om te wachten."

„Vaarwel dus, mijn zoon, en houd goeden moed."

„Wees gezegend, moeder; dat God u geleide!"

En de barones hem de hand gedrukt hebbende, verliet de kamer.

III.

Hugo Van Giersteen, zooals hij het zijne moeder had aangekondigd, was in de velden gaan wandelen, met de hoop dat onder de vrije lucht de ontsteltenis zijns harten allengs zou bedaren.

Hij had zich evenwel bedrogen. Wat hij ook deed, het bleef hem onmogelijk aan iets anders dan aan het akelig lot der arme jonkvrouw te denken: gansch de wereld beperkte zich voor hem tot een enkel woord: Ida!

Wel bleef hij soms langen tijd bij den boord eener beek het ruischen van het vlietende water afluisteren, wel plukte hij hier en daar eene bloem en scheen ze met aandacht te bestaren, wel hief hij den blik ten hemel en volgde de witte wolken in hunne trage vaart; maar al wat hij hoorde of zag, was anders niet dan Ida, immer Ida!

Alhoewel hij voorgenomen had, dien dag den Ouden Steen niet te naderen, bevond hij zich eindelijk, zonder het te weten, in de nabijheid der woning van mijnheer Von Oberheim.

De Oude Steen was een uitgestrekt landgoed, te midden eener eenzame streek, waarin, tot op zekeren afstand, zelfs geene herdershut te vinden was. De woning, de tuin en het wandelpark waren van alle kanten met eene breede gracht en eenen zeer hoogen muur omsloten. Het eigenlijk kasteel moest een burcht uit de middeleeuwen zijn; dit kon men gereedelijk besluiten uit het nog bestaan van eenen zwaren ronden toren met schietgaten en kanteelen, en bovenal uit de nauwe Gothische vensters in den gevel. Waarschijnlijk noemde men dit landgoed daarom den Ouden Steen.

Het wandelpark, dat bijna de geheele ruimte binnen den ringmuur innam, bestond uit eeuwenheugende beuken en eiken, welker kruinen den grond met een ondoordringbaar dak overschaduwden en uit de verte als een donkergroen gebergte zich vertoonden.

Al de vensters van het kasteel, die door voorbijgangers konden gezien worden, waren met houten luiken gesloten. Binnen den ringmuur vernam men geen het minste gerucht, dat het aanzijn van levende wezens kon verraden; de natuur zelve scheen rondom den Ouden Steen te zwijgen. Al wat men er hoorde, was nu en dan het geknars van den weerhaan boven den toren of den angstwekkenden schreeuw eener eenzame raaf, verdoken in het hooge geboomte.

Toen Hugo, al gaande, uit zijne diepe mijmering opschoot en bemerkte dat hij zich nabij den Ouden Steen bevond, bleef hij staan. Terwijl hij den blik op den hoogen muur hield gevestigd, trok eene schertsende uitdrukking, iets als een treurige spotlach, zijne lippen te zamen. Wat kwam hij hier doen? Had hij niet twintigmaal reeds vruchteloos langs dien muur gedwaald?

En evenwel na een oogenblik aarzeling, daalde hij den weg af en naderde de groote zwarte poort, die, tot voor drie weken, een doorzichtig hek was geweest, maar nu van achter zoo dicht met planken was bedekt, dat men geene naald door hare voegen hadde kunnen steken.

Hij rechtte zich op de teenen en keek in de hoogte naar een gesloten venster. Eens slechts had hij het open gevonden en de jonkrouw er in zien staan. Zij had met een zeer vriendelijk teeken zijnen groet beantwoord; maar evenras had iemand het meisje verwijderd en het venster toegeworpen. Sedert dan was het altijd gesloten gebleven, ten minste gedurende dag; want hij had reeds meer dan eens op zijne late wandelingen bemerkt dat, om de kamers te verluchten, men al de luiken bij het eerste avondduister opende.

Ach, in die kamer, binnen het somber gebouw, leefde en leed Ida! Daar verkwijnde zij zonder troost en zonder hoop! Daar was het, dat een ziellooze beul het onschuldig lam gekerkerd hield, totdat zij van verdriet zou sterven!

Deze overweging trof den jongeling zoo diep, dat een pijnlijke zucht uit zijnen beklemden boezem opwelde. Hij ging een boogschot verre langs den ringmuur en sloeg dan met snelle stappen een voetpad in, als hadde hij haast om eene plaats te ontvluchten, waar het gevoel zijner onmacht hem martelde.

Dit voetpad bracht hem verre van daar op eene hoogte. Dan eerst wendde hij den blik weder naar den kant van den Ouden Steen. Hij scheen met plotselijke verrassing getroffen.

Inderdaad, van op deze hoogte beheerschte hij het landgoed van mijnheer Von Oberheim, en, alhoewel zeer verwijderd, kon hij gedeeltelijk binnen den ringmuur zien. Hij bemerkte er geen levend wezen. Wat zijne aandacht evenwel sterk boeide, was eene soort van lustpriëel, dat aan de eene zijde van het wandelpark, op eenen heuvel van aangevoerde aarde, was gebouwd.

Het bestond uit vier pijlers, waarboven een ronddak of koepel, tot bescherming tegen zonnestralen en regen. Twee of drie stoelen getuigden dat de bewoners van den Ouden Steen dien heuvel dikwijls beklommen, om verre in het veld te kunnen uitkijken zonder gevaar van door voorbijgangers, ten minste van nabij, gezien te worden.

Zonder twijfel was dit de plaats waar Ida in eenzaamheid kwam zuchten en treuren; de plaats waar zij hare stille tranen zaaide over de bitterheid van haar lot....

Terwijl deze droeve gepeinzen den jongeling door den geest dreven, ontsnapte hem eensklaps een kreet van verrassing en een zonderlinge lach glansde in zijne oogen.

Een vrouwenbeeld, gansch in het wit gekleed en met de vlottende haarlokken op den hals, was tusschen de pijlers van het lustpriëel verschenen. Zij was het: Ida!

Des jongelings boezem hijgde; hij had vlerken willen hebben om tot op dien heuvel te vliegen. De kracht van zijnen blik met geweld overspannende, poogde hij op het gelaat der jonkvrouw de uitdrukking harer zielesmart te lezen; maar hij was te zeer verwijderd om hare wezenstrekken duidelijk te zien. O, hadde het lijdende meisje kunnen weten, dat hier iemand stond, wiens hart klopte van vurige liefde voor haar en van medelijden met haar ongelukkig lot!

Hemel! zal hij zijne oogen gelooven? Doet zij hem geene teekens met de handen? Heeft zij hem herkend? Ja, ja, zij wuift haren witten zakdoek. Het is geene begoocheling: zij zendt hem eenen vriendelijken groet!

Maar, eilaas, daar verdwijnt het gelukbrengend verschijnsel zoo plotselijk, als hadde de lucht het opgeslorpt! Niets meer: het lustpriëel is ledig en eenzaam als te voren....

Een bittere grijns zweefde op des jongelings lippen. Ha, hij begreep het wel: de beul had zijn slachtoffer geroepen, of misschien was het schuchtere lam gevlucht, uit schrik dat haar onmeedoogende dwingeland kon verrassen, wien zij dus van uit hare gevangenis durfde groeten!

Langen tijd bleef hij nog staan met den blik naar het priëel gericht; maar de verschijning keerde niet meer weder.

Dan, zonder te weten wat hij deed, aangetrokken door eene geheimzinnige kracht, daalde hij opnieuw het voetpad af en dwaalde mijmerend langs den muur, totdat hij het einde der voorste zijde had bereikt. Op zijne vorige wandelingen had hier telkens eene verlenging der gracht hem belet, verder rondom het landgoed te gaan. Nu lag te dezer plaatse eene lange plank, als eene tijdelijke brug, over de gracht.

Hugo aarzelde een oogenblik, doch stapte welhaast over de plank in de uitgestrekte weiden, met welke de Oude Steen ten minste langs drie zijden was omgeven.

Wat kon het hem helpen? Immer dezelfde hooge stomme muur, die hem aangrijnsde en met zijn verdriet en zijne onmacht scheen te spotten!

Hij ging evenwel verder en bereikte dus de achterzijde van den ringmuur. Hier zag hij tusschen de weiden eenige stukken, die tot bouwland waren aangelegd en nu overdekt met gepikte tarwe en groene voederplanten. Twee knechts van mijnheer Von Oberheim, door eenige vreemde werklieden geholpen, waren bezig met de schooven op eenen wagen te laden. Zij arbeidden zeer haastig; want de hemel was bewolkt en het dreigde tegen den avond te zullen regenen.

De jongeling naderde eenige dichte wilgentronken, om niet door de knechts gezien te worden, en stapte in stilte voort. Daar bemerkte hij tot zijne groote verwondering, dat in deze zijde van den muur insgelijks eene houten poort was, met eene brug over de gracht, ongetwijfeld om langs daar met paarden en wagens in de weiden te kunnen gaan. Van het bestaan dezer poort had hij niet geweten.

Terwijl hij daarover nadacht en dichter bij de brug kwam, bespeurde hij dat de poort niet was gesloten; zij stond verre genoeg open om doorgang aan een mensch te verleenen.

Met popelend hart ging hij over de brug en stak zijn hoofd door de opening der poort. Nu dwaalde zijn blik in volle vrijheid door den bloemigen tuin. Alles was er doodstil. Zeker, jonkvrouw Von Weiler wandelde ergens in de schaduwrijke lanen of in de slingerende wegels van het park; maar door het dichte heestergewas, dat den voet der reusachtige boomen hield verborgen, kon zijn oog niet dringen.

Hugo beefde en verbleekte; eene koortsige bekoring greep hem aan; hij aarzelde eene wijl, slaakte eenen zucht, drong door de poort binnen het beluik van den Ouden Steen en sloop in het wandelpark, totdat hij zich van alle kanten door dicht loover omgeven zag. Hier bleef hij staan en schepte adem.

Zeker, hij ontveinsde zich de vermetelheid en het gevaarlijke zijner daad niet, en hij vroeg zich zelven, of hij niet terug uit de poort zou vluchten; maar eene geheime kracht weerhield hem. Kon hij Ida Von Weiler alleen hier aantreffen en met haar eenige beslissende woorden wisselen, dan zou alle twijfel uit zijnen geest geweerd worden en zijne moeder zou met zekerheid voor zijn geluk kunnen werkzaam zijn. Hield hij zich zorgvuldig tusschen het loover verborgen, mijnheer Von Oberheim zou zijne tegenwoordigheid niet ontdekken. Was

Ida niet in het park en had hij ze vruchteloos gezocht, hij zou, even stil en ongezien, weder door de achterpoort ontsnappen.... Gevaar? Zou hij vreezen terwijl de verlossing der arme jonkvrouw de prijs zijner stoutheid kon worden? Schuldig? wanneer het een oorlog gold tegen den wreedsten aller menschen, tegen den beul van Ida? O neen, het ergste mocht hem bedreigen. Het was beslist; hij zou zijn opzet doordrijven tot het einde.

Met veel omzichtigheid sloop hij door het dichtste houtgewas, keek van tusschen het gebladerte naar alle kanten uit, bleef staan, luisterde en drong immer verder....

Eensklaps weerhield hij zijnen stap en zijnen adem; een kreet van vreugd of verbazing wilde zijner borst ontsnappen, doch hij versmachtte hem met geweld.... Daar, ter zijde, een vijftigtal stappen verder, op eene rustbank, in eene breede laan, zat Ida!

Hugo durfde zich niet verroeren. Die verschijning was zoo aangrijpend, zoo dichterlijk, dat hij het bekorend schouwspel niet onmiddellijk kon verzaken.

De jonkvrouw was gansch in het wit gekleed; haar eenig siersel was de overvloed der bruine haarlokken die wiegelden en golfden op hare schouders. Tenger, schoon en liefelijk, als zij inderdaad was, scheen zij de geest of de nymf dezer eenzaamheid. Men zou gezegd hebben dat er aan haar niets stoffelijks was en zij tot de engelen behoorde, ten minste zulken indruk deed zij op den verrukten jongeling.

Ida hield bloemen op hare knieën en scheen daarvan eene kroon te willen vlechten; maar hare bewegingen waren zoo traag en zoo kwijnend, dat het niet anders kon, of zij moest in treurige droomen verslonden zijn. Inderdaad, zij liet welhaast de bloemen ten gronde vallen en bracht, met een gebaar van smart, de hand voor haar oogen. Verborg zij opwellende tranen?

Dit gezicht riep Hugo tot het besef van zijnen toestand terug. Om de jonkvrouw door zijne plotselijke verschijning geenen schrik aan te jagen, trad hij zeer stil en zachtjes in de laan; en dewijl zij nog immer de hand voor de oogen hield en hem niet bemerkte, hoestte hij zachtjes.

Het meisje stond op, keek vooruit met blijde verbaasdheid, liep den jongeling te gemoet en zeide juichend:

„O, welk geluk! Mijnheer Van Giersteen, gij hier, in dit park? Ik dacht juist aan u! Is uwe moeder ten onzent? Heeft mijn grootvader, heeft mijne moeder u toegelaten mij te komen roepen? Gaan wij haastig naar binnen: maar allereerst zal ik u, onderweg in den tuin, mijne bloemen toonen: ik heb er zoo vele en ze zijn zoo schoon! Nu zal ze toch iemand zien! Gij op den Ouden Steen? Ik twijfel nog of ik niet droom!"

„Mejuffer," zeide Hugo, met eene stem die sidderde van ontroering, „ik zegen God, die mij dus toelaat met u alleen te zijn. Gun mij, ik smeek u, eenige oogenblikken. Ik moet u over dingen spreken, waarvan ons beider geluk en misschien uw leven afhangt. Wees niet vervaard van mij, mejuffer: ik ben uw vriend, uw oprechte vriend, en daarbij een ernstig man, onbekwaam om den eerbied te vergeten dien hij u verschuldigd is."

Het meisje bekeek hem verwonderd.

„Gij weigert mij aan te hooren?" vroeg hij treurig.

„O neen, mijnheer," antwoordde zij, „maar spreek haastig; mijn grootvader zou het kunnen vreemd vinden, dat wij zoo lang wegblijven; en, hij is zoo streng, zoo streng!"

„Ha, dank! slechts eenige minuten; maar zit neder op de bank, mejuffer."

De jonkvrouw gehoorzaamde lijdzaam; en hij, op weinig afstand van haar plaats nemende, zeide met haastige woorden en als aangejaagd:

„Mejuffer, mijn inzicht is zuiver en belangeloos: antwoord mij oprecht en zonder achterhouding, ik bid u. Zijt gij gelukkig?"

„Gelukkig?" stamelde het meisje, „gelukkig in deze eeuwige eenzaamheid? O neen, neen!"

„Ik weet het," hernam hij. „Indien niet alles verried, wat hier binnen deze sombere muren omgaat, mijn hart alleen hadde het mij geopenbaard. Neen, gij zijt niet gelukkig, mejuffer; gij lijdt, gij treurt, gij klaagt den hemel uw bitter lot. Een onmeedoogende dwingeland houdt u gebogen onder zijn onmenschelijk geweld, uit baatzucht, uit gierigheid; — en, moet het zoo blijven duren, uwe jonkheid zal voorbijgaan als een lange pijnlijke droom; de kwijnziekte zal uwe levenskrachten verteeren, en gij, arm, onnoozel slachtoffer, gij zult sterven van verdriet. Zeg, zeg, is het niet zoo?"

„Sterven?" murmelde de maagd met angst in de oogen. „Dit akelige gepeins verschrikt mij inderdaad, nu en dan; maar, eilaas, indien God het wil...."

„Gij sterven, mejuffer?" riep de jongeling met verontwaardiging uit; „gij, zoo schoon, zoo zoet, zoo zuiver, — sterven in de lente des levens? Neen, neen, zulk schreeuwend onrecht kan God niet dulden. Nietwaar, gij zoudt uit dezen kerker willen verlost zijn, ontsnappen aan den wreedaard die u verdrukt, menschen zien, evenals de anderen uw deel hebben van het leven, vreugde genieten;

uw hart laven aan de zoete bronnen van vriendschap, genegenheid en liefde?"

De maagd door den toon zijner stem diep ontroerd, hield met eene soort van verdwaaldheid haren blik in zijne glinsterende zwarte oogen gevestigd. Zij hoorde of begreep misschien niet gansch wat hij wilde zeggen; want zij antwoordde niet, alhoewel de glans van een onbeseft geluk haar gelaat bestraalde. Wel zeker had zij op dit oogenblik haren grootvader en de gansche wereld vergeten.

„Nietwaar, gij zoudt willen vrij zijn en leven in de wereld gelijk al andere menschen?"

„ O ja, gaan waar ik wil," juichte Ida met eenen zucht: „lucht, ruimte, vriendschap, vrijheid, hemelsche woorden, die ik wel ken, doch niet...."

„Welnu, mejuffer," viel de jongeling in, „er is een middel, een onfeilbaar middel om u dit alles te geven."

„Neen, neen," murmelde het meisje ongeloovig.

„Laat mijne woorden u niet kwetsen, mejuffer," zeide Hugo, een weinig schuchter. „De kostbare tijd zweept mij rechtstreeks naar het doel mijner poging. Het middel, het eenige middel voor u, om aan de onrechtvaardige dwingelandij uws grootvaders te ontsnappen is.... is het huwelijk, is een echtgenoot, die in de wet zelve het recht zou vinden, om u tegen iedereen en tegen alle verdriet te beschermen.... Begrijpt gij, mejuffer?"

„Ja, ja, een echtgenoot, ik begrijp," antwoordde zij met eenen treurigen glimlach. „Wie zou tot zoo verre aan de arme Ida kunnen denken? Ik zie nooit een mensch dan des Zondags, in het voorbijgaan: boeren en nu en dan uw huisgezin."

„Hoor mij met toegevendheid aan," zeide Hugo, meer en meer aangejaagd, doch zich zooveel mogelijk bedwingende. „Er is een man, die, zonder dat gij het wist, sedert meer dan een half jaar geleden heeft door uwe smart, die u in zijne droomen volgde terwijl gij hier troosteloos ronddwaaldet, die weende over uw ongeluk en den hemel met tranen uwe verlossing afsmeekte. Die man bemint u uit al de kracht zijns harten, die man heeft geen ander levensdoel meer dan uw geluk, die man, — ach, mejuffer, wees niet ongenadig voor mij, — die man is Hugo Van Giersteen...."

En de jongeling hief smeekend de handen op, in afwachting van zijn vonnis.

Maar het meisje keek hem verbaasd aan, bedekte dan eensklaps haar aangezicht en begon te weenen.

Er heerschte eene wijl pijnlijke stilte.

„Eilaas, ik heb mij bedrogen, vergeef het mij mejuffer!" murmelde Hugo.

De jonkvrouw hief het hoofd op, en terwijl een zonderlinge lach van blijdschap door hare tranen straalde, vroeg zij:

„Gij, Hugo, gij hebt geweend over mijn treurig lot? Neen, neen, het is onmogelijk, nietwaar?"

„God weet het," bevestigde de jongeling. „Indien ooit in een mannenhart een inniger en zuiverder vuur heeft geblaakt, dat Hij in zijne rechtvaardigheid...."

„En gij zoudt mij tot uwe echtgenoote kiezen, mij in de wereld leiden, mij de vrijheid geven, mij gelukkig maken?"

„O Ida, indien zulk lot mij te beurt viel, zou ik aan niets meer denken dan aan de middelen om u te vergelden en te doen vergeten, wat gij hebt geleden. Uwe moeder is rijk, mijne moeder is het insgelijks. Ons leven zou een hemel zijn van vrede, van blijdschap, van liefde. Ik zou met trotschheid u te Brussel in de hoogste kringen leiden, u willen gekleed zien als eene koningin, u doen pralen en schitteren in de avondfeesten en muziekstonden, u des zomers naar badplaatsen brengen, immer waken om te weten wat u kan believen, immer mij baden in den blik uwer oogen, en niets, niets anders tot belooning vragen dan een glimlach op uwe lippen, die mij zegge dat gij gelukkig zijt!"

Over de wangen der jonkvrouw rolde nog bijwijlen een traan.

„Ida, Ida," vroeg de jongeling, „is zulk lot niet schoon genoeg om u te bekoren?"

„Ach, het is de hemel op aarde!" antwoordde zij, het hoofd schuddende. „Zoo glansrijk heb ik nooit het vrije leven, heb ik de wereld daarbuiten niet durven droomen.... maar, maar ik zie er geene plaats in voor mijne arme moeder...."

„Zij zal met ons wonen, Ida; zij zal ons nimmer verlaten en genieten wat ons verblijdt."

„Ja, zoo zou het goed zijn, Hugo.... En mijn grootvader?"

„Ho, die niet, Ida!"

„Neen, hij niet, Hugo; hij wil altijd alleen zijn; hij haat de menschen; de vreugde doet hem pijn."

„Maar, maar wij zijn zinneloos!" kreet zij eensklaps, alsof zij nu eerst tot het gevoel der wezenlijkheid kwam: „mijn grootvader zal niet willen! Nu reeds, nu wij zoo lang wegblijven, zonder naar huis bij onze ouders te gaan, zal hij met bitterheid mij berispen en mij zeker straffen."

„Ja, Ida, ik weet het wel," antwoordde de jongeling, „maar uw grootvader heeft volgens de wet daar niets in te zien. Dewijl uw vader overleden is, heeft niemand dan uwe moeder het recht, over uwe hand te beschikken."

„Hoe bedriegt gij u! Mijn grootvader is alleen meester; mijne arme moeder beeft nog meer dan ik voor zijne onverbiddelijke strengheid."

„Gij verkeert in dwaling, Ida; wij, mannen, kennen de wet. Indien gij het wenscht en zij het wil, zult gij verlost worden uit de slavernij, waarin gij nu verkwijnt. Luister wel: binnen eenige dagen zal mijne moeder op den Ouden Steen komen, om uwe moeder te vragen, of zij toestemt in ons huwelijk. Bereid gij uwe moeder tot die samenkomst en, is het noodig, bid, smeek, ween; het geluk van gansch ons leven kan afhangen van uwe sterkmoedigheid.... en, verzet uw grootvader zich tegen eene gunstige beslissing, toon dat gij eenige zielesterkte hebt; sta op tegen hem, verklaar dat gij nimmer eenen anderen echtgenoot zult aanvaarden, dat gij zult sterven van verdriet, dat gij zult vluchten, dat gij de wet zult inroepen tegen hem. De eerbied weerhoude u niet. Hij is uw grootvader, ja; maar de reden zijner wreedheid jegens u is zoo laakbaar, zoo misdadig, dat de kennis er van u alle genegenheid en alle ontzag voor hem zal ontnemen. Die reden ga ik u uitleggen. Zij schijnt ongeloofelijk; maar...."

„Zie, zie, ginds komt mijn grootvader!" zeide het meisje, eensklaps half verschrikt opstaande. „Ik loop langs dezen kant naar huis; gij, Hugo, ga mijnen grootvader tegemoet, zeg hem niet dat gij mij hebt gevonden; ik wacht u binnen, bij onze ouders...."

En, onder het uitspreken dezer laatste woorden, sloop zij in eenen wegel en verdween tusschen het dichte loover.

De jongeling meende zich naar de achterpoort te richten, om den Ouden Steen te verlaten; maar nu bemerkte hij dat mijnheer Von Oberheim juist van daar tot hem kwam en hem dus den weg afsloot. Door het gebladerte heen te vluchten, als een angstige dief, dit scheen hem eene lafheid. Nu hij wist dat Ida hem beminde, gevoelde hij zich reuzensterk. Daarenboven, het gezicht van den verdrukker der arme jonkvrouw tergde hem, en hij had veel meer lust om hem zijne wreedheid te verwijten dan om zich te verontschuldigen.

Een ander jongeling, met een min overdreven gemoed dan hij, zou zeker van schrik gebeefd hebben; want mijnheer Von Oberheim, met zijne hooge gestalte, zijn wit haar en zijne harde, diep berimpelde wezenstrekken, was een ontzagwekkend man, te meer daar hij nu, met dreigende vuist en gloeienden blik, tot den jongeling kwam. Deze verroerde zich niet en wachtte den meester van den Ouden Steen met zichtbare onverschrokkenheid af.

Dit scheen den grijsaard te verwonderen en te vergrammen.

„Wat doet gij hier?" bulderde hij. „Wat gaf u de stoutheid om binnen het beluik mijner woning te dringen? Zijt gij een dief of een schaamtelooze gek?"

„Ik ben Hugo Van Giersteen, mijnheer Von Oberheim, en gij kent mij wel," antwoordde de jongeling. „Wat ik hier kwam doen, zult gij binnen eenige dagen door mijne moeder vernemen. Ik ben in vrede met mijn geweten en vrees van uwe gramschap niets anders, dan dat gij mij zoudt kunnen dwingen, onbeleefd jegens u te zijn."

„Maar is dan werkelijk alle gevoel van recht en betamelijkheid u vreemd?" kreet de oude man, over zulke onbegrijpelijke stoutheid verbaasd. „Weet gij dan niet, dat ik u voor het gerecht kan brengen en u doen straffen?"

„Wie zelf erge dingen te verbergen heeft, roept niemand voor het gerecht," mompelde Hugo.

Deze woorden deden mijnheer Von Oberheim sidderen en hij aanschouwde den jongeling met eenen scherpen blik, die in zijne ziel scheen te willen dringen.

„Ziet gij wel, mijnheer, gij drijft mij tegen mijnen wil tot onbeleefdheid," zeide Hugo. „Vraag mij nu geenen uitleg aangaande de redenen van mijn gedrag. Binnen weinige dagen zult gij deze redenen geheel kennen. Laat mij gaan; ik zal vertrekken langs waar ik gekomen ben."

En hij meende inderdaad zich te verwijderen; maar mijnheer Von Oberheim sprong hem in den weg en zeide:

„Ha, dit gaat zoo niet! Ik wil weten wat gij hier kwaamt doen! Ida is bij u geweest. Wat hebt gij met haar te stellen? Spreek, ik gebied het u, wat hebt gij haar gezegd?"

„Mijne moeder zal het u bekend maken, mijnheer."

„Uwe moeder mag zich, evenmin als gij, met de zaken van mijn huisgezin bemoeien. Gij zult spreken, oogenblikkelijk!"

„En indien ik niet wil?"

„O, ik smeek u," riep de grijsaard bevend, „drijf mij niet tot het uiterste; gehoorzaam! Ik ben wel oud, maar nog sterk genoeg om u onder mijne voeten te verpletteren. O, dwing mij niet tot geweld!"

Werd de jongeling vervaard of gevoelde hij medelijden met den diep ontstelden grijsaard? Althans hij scheen een min weerspannig besluit te hebben genomen, en zeide:

„Bedaar toch, mijnheer Von Oberheim; indien gij het volstrekt wilt, zal ik spreken; maar wat ik u te melden heb, kan u slechts onaangenaam zijn."

„Het is gelijk. Waarom zijt gij zoo verraderlijk binnen deze muren gedrongen? Wat hebt gij Ida gezegd?"

„Welnu, mijnheer, gij gaat het vernemen," antwoordde Hugo. „Ik weet sedert lang dat jonkvrouw Ida diep ongelukkig is, dat gij ze hier, van de gansche wereld afgezonderd, als in eenen kerker opgesloten houdt; dat gij haar martelt, haar schier belet te ademen, en dat, indien God geen verlosser doet ontstaan, het arme lam onder uwe verdrukking moet sterven. De reden uwer onmenschelijkheid ken ik, maar het betaamt niet, dat ik er nu van spreke...."

„De reden? Gij kent de reden!" gromde mijnheer Von Oberheim met een heesch keelgeluid, terwijl zijn aangezicht bleek werd van angst. „De reden, die gij meent te kennen.... ik wil, ik moet ze weten!"

„De geldzucht, de gierigheid maakt den mensch blind en zielloos," zeide Hugo.

„Ha, ha, de geldzucht!" riep de grijsaard met eenen blijden lach, „ja, ja, de geldzucht. Het is waar, de geldzucht!"

En zich evenras herstellende, vroeg hij, meer bedaard:

„Nu, wat hebt gij Ida gezegd?"

„Ik heb haar gezegd, dat ik haar bemin en haar echtgenoot wil worden, dit beteekent, mijnheer, haar verlosser; want een echtgenoot heeft krachtens de wet tot plicht, zijne vrouw tegen alle onrecht te verdedigen, al was het ook een grootvader, die haar wilde verdrukken."

De verbaasdheid des grijsaards was eindeloos; hij kon zijne ooren niet gelooven en scheen veeleer van schrik te bezwijken dan door gramschap te zijn vervoerd.

„En zij, Ida, wat heeft zij u geantwoord?" vroeg hij.

Hugo bleef zwijgend en aarzelde waarschijnlijk.

„Spreek, bemint zij u?"

„Zij heeft het niet gezegd; maar ik ben er van overtuigd en dit is mij genoeg."

„Een huwelijk tusschen u en Ida?" riep mijnheer Von Oberheim. „Zulk iets is zoo onmogelijk, als dat ik met mijne hand de zon uit den hemel zou rukken..... en, mocht de koning, mocht de gansche wereld, mocht ik zelf het willen, nog bleef het even onmogelijk. Stel die zinnelooze gedachte uit uw hoofd, of gij bereidt u de bitterste, de pijnlijkste onttoovering."

„Ja, mijnheer, ik weet wel dat gij uit al uwe macht er u tegen zult verzetten," zeide Hugo;

„maar gij hebt ongelijk, wees zeker. Mijne moeder is zeer rijk, de bruidschat dien zij zou kunnen eischen, zal niet aanzienlijk zijn; al het overige zult gij kunnen behouden. Hoe zijt gij toch zoo gevoelloos, mijnheer, voor de arme, onschuldige jonkvrouw? Is dit nu een leven, dat ze hier heeft? Jong, schoon en gevoelig zijn, en zoo, jaren en jaren, treuren in eene gevangenis? Geene menschen zien, en in de sombere eenzaamheid wegkwijnen, bij gebrek aan wat ruimte en wat vrijheid? Kom, wees edelmoedig! Ik zou u kunnen dankbaar zijn en u eeren en u beminnen als eenen weldoener. Laat mij uw zoon worden; ik zal pogen uwe oude dagen zoet en gelukkig te maken."

„Onmogelijk, onmogelijk; eene onverbiddelijke wet heeft voor eeuwig over het lot van Ida beslist. Niemand kan haar echtgenoot worden," zuchtte mijnheer Von Oberheim, door des jongelings woorden diep geroerd.

Eensklaps verdween de strenge en ernstige uitdrukking van des grijsaards gelaat, om plaats te maken voor eenen vrijen, vriendelijken lach.

Hugo, een gunstig antwoord voorziende, slaakte eenen blijden kreet; maar hij bekwam evenras de uitlegging dier plotselijke verandering. Ten einde van den weg, waar zij stonden, had zich een knecht vertoond, en deze scheen zijnen meester te willen roepen.

Mijnheer Von Oberheim deed een teeken, dat hij hem had begrepen en onmiddellijk zou komen; de knecht bleef in den weg staan.

„Indien het mijnheer Hugo Van Giersteen nu belieft, dit park en mijn landgoed te verlaten," zeide de grijsaard met vriendelijk gelaat en eene hoffelijke buiging, „zal ik de eer hebben, hem tot bij de achterpoort te geleiden."

En, door den jongeling gevolgd, stapte hij voort, hem onderweg nog zeggende:

„Statige boomen, nietwaar mijnheer Van Giersteen? Spijt maar, dat ze zoo oud worden; hunne kruin begint allengs te versterven. Het landgoed van mevrouw uwe moeder is insgelijks groot van omvang, ik weet het; maar zulke eeuwenheugende boomen staan er niet. De linden uwer dreef zijn echter zeer schoon."

Nu hadden zij de plaats bereikt waar de knecht wachtte. Deze zeide iets tot zijnen meester, aangaande den arbeid dien zij aan het verrichten waren.

„Het is wel, Johan," kreeg hij ten antwoord, „ik ga er naar toe. Loop gij eens ginder op den heuvel; ik geloof dat ik daar een boek heb laten liggen."

De knecht verdween, en mijnheer Von Oberheim geleidde zijnen jongen gezel even beleefdelijk tot bij de achterpoort.

Hier verstoutte Hugo zich te vragen:

„Nu, mijnheer, mag ik hopen?"

„Hopen, zinnelooze?" gromde de oude heer met eene nieuwe vlaag van gramschap in de oogen.

„Gij weigert?" stamelde Hugo.

„Ik hoef niet te weigeren. Niets op aarde kan de verwezenlijking uwer uitzinnige wenschen mogelijk maken."

„Dit is dus uw laatste woord, mijnheer? Welaan, om Ida uit uwe handen te verlossen, zal ik pogen u te toonen, dat de liefde kan verwezenlijken wat onmogelijk schijnt."

Hugo stond nu bij de poort.

De grijsaard greep zijne hand aan en drukte ze met zulke kracht, dat hij hem waarlijk zeer deed.

„Mijn laatste woord, onbeschaamde jongeling?" bulderde hij met doffe, heesche stem. „Luister wel, ik ga het u zeggen: Zoo gij nog eens eenen voet, eenen enkelen voet, binnen het beluik van den Ouden Steen durft zetten, dan jaag ik u eenen kogel door het hoofd en ik schiet u dood!"

„Mij doodschieten?"

„Als eenen dief, als eenen dollen hond.... en, om de liefde uwer moeder, vergeet het niet;

want ik ben wreed en onmeedoogend! Vaarwel!"

Ditmaal moesten de vlammende oogen en de bedreiging van mijnheer Von Oberheim eenigen indruk op het gemoed des jongelings gedaan hebben; want hij deinsde sprakeloos achteruit, ging over de brug en verwijderde zich langs den boord der gracht.

De grijsaard blikte hem eene wijl achterna, trad dan met langzame stappen door eene laan en liet zich welhaast, in eene eenzame plaats, op eene bank nedervallen.

Na eene korte stilte, zuchtte hij met de oogen ten hemel:

„O, God, wat pletterend kruis hebt gij op mijne schouders geladen? De onmeedoogende verdrukker van mijne dochter en van haar arm kind, de cipier hunner gevangenis zijn? Hunne tranen zien vloeien, jaren lang ze zien verkwijnen en immer onverbiddelijk daar staan, in schijn koel en zielloos! Een jongeling, edelmoedig, goed, belangeloos, wiens ziel nog eenvoudig en zuiver is als een onbevlekt kristal, dien moet ik bedreigen met den dood, als ware ik een beul en een moordenaar! Hoe treurig en doodsch zijn de dagen der ellendigen, die het lot buiten de samenleving heeft geworpen! Geen troost voor hen mogelijk; de onbekendheid, de stilte, de eenzaamheid zijn het schild, waar achter zij den eeuwig dreigenden slag pogen te ontwijken. Ach, geen einde, geene hoop, geene toekomst; het moet duren totdat het graf, met ons allen, het noodlottig geheim hebbe verslonden! Heer, o Heer, heb medelijden met ons! Geef ons toch de krachten tot het verduldig dragen van ons bitter lot!"

En hij legde de handen voor zijn aangezicht, om de tranen te verbergen die zijner oogen ontsprongen.

IV.

Dienzelfden dag, op het oogenblik dat Hugo, van uit de verte, de jonkvrouw in het priëel had ontwaard en evenras zien verdwijnen, zat er binnen den Ouden Steen eene vrouw, die sedert eene lange wijl gansch beweegloos in diepe gedachten was verslonden gebleven.

De kamer waar zij zich bevond, was bezet met eenige meubelen, rijk van stof en nieuwerwetsch van vorm; maar de wanden waren, sedert eeuwen misschien, behangen met donker gouden leder. In de diepe zijde stond eene knielbank, en daarboven hing een groot ebbenhouten kruis met een Christusbeeld van blank ivoor. Deze voorwerpen en het twijfelachtig licht, dat door twee halfgeslotene vensters drong, gaven dit vertrek het treurig en somber opzicht eener boetcel.

Zeker, de persoon welke gewoon was in deze plaats God te bidden en misschien hare dagen in boetpleging sleet, kon niemand anders zijn dan de dame, die nu niet verre van de knielbank gezeten, de strakke oogen denkend in de ruimte hield gericht. Het was de weduwe, dochter van den ouden heer Von Oberheim, die des Zondags, bij de kerk, met den naam van mevrouw Von Weiler door de dorpelingen werd gegroet.

Zij was in het zwart gekleed, als iemand die den rouw draagt over het verlies van eenen naasten bloedverwant. Hare ranke gestalte en de regelmatigheid harer wezenstrekken lieten vermoeden, dat zij in hare jeugd zeer schoon moest geweest zijn; maar nu was haar aangezicht ontkleurd en verslenst. De tranen schenen hunne gewone baan in rimpels op hare wangen te hebben afgeteekend; en wie haar met aandacht beschouwde, kon in hare weifelende oogen en op haar vermagerd gelaat niets anders lezen dan de woorden: lijden, onderwerping, hopeloosheid.

Men zou haar gereedelijk vijf en veertig jaar toegekend hebben, alhoewel zij wezenlijk slechts zes en dertig winters had beleefd, zoo zeer hadden onverpoosde smarten de arme dame voor den tijd verouderd.

Terwijl nu een treurige glimlach aankondigde, dat hare gepeinzen eenen meer bepaalden vorm hadden genomen, sprak zij zuchtend tot zich zelve:

„Reeds achttien jaar! Evenals heden, den vijftienden Augustus.... Hoe gelukkig was ik dan! het leven lachte mij aan als een paradijs vol eeuwig bloeiende rozen. God had mij ook alles gegeven, wat een mensch op aarde kan wenschen: adel des bloeds, rijkdom, schoonheid.... O, ik zie het nog: daar stond hij aan mijne zijde, gansch ontheven van blijde geestdrift; zijne hand beefde in de mijne.... en toen wij elkander beloofden, welhaast onze liefde door het huwelijk voor eeuwig te bezegelen, klopte mijn hart zoo geweldig, dat ik op zijnen arm moest leunen, om niet van hoogmoed en zaligheid te bezwijken. Onze ouders, onze vrienden, leden der doorluchtigste geslachten, omringden ons, wenschten ons geluk en juichten bij eene verbintenis welke de hemel zelf, meenden zij, had voorbereid. Eilaas, wie onzer kon denken, dat die heuglijke dag op mij en op al die mij dierbaar zijn, als eene vermaledijding des Heeren zou blijven wegen? Dat wij er onder zouden verpletterd liggen als onder eenen grafzerk, die door niets, door niets ter wereld kan worden opgelicht? Rampzalige verblindheid des geluks, die ons voor een oogenblik het besef der wezenlijkheid ontroofde!.... Ach, rechtvaardige God, zal daarom uw vonnis op mij en op de mijnen versmachtend blijven drukken tot het einde onzer dagen? Is er dan geene, geene hoop meer? Neen, nietwaar, uw heilige wil heeft in het menschelijk gemoed de wet der eer geprent en deze wet machtig en onverbiddelijk gemaakt als het noodlot zelf?.... Wat blijft mij over, arm en zwak schepsel, dan het hoofd te bukken en te weenen?"

Inderdaad, eenige tranen rolden langs hare wangen en zij bleef weder eene wijl roerloos.

Dan namen hare gepeinzen eenen anderen loop. Zij stak de hand in haren borstdoek, haalde er een juweel uit, dat met eene dunne gouden ketting haar aan den hals hing. Het juweel geopend hebbende, beschouwde zij, met zonderlingen glans in de oogen, een portret, dat gewis door een behendig kunstenaar moest zijn geschilderd, want ondanks de kleine maat en uiterste fijnheid, had het geheel het voorkomen van het leven.

„Zijn beeld! De gift der verloving," murmelde zij, „voorwerp, waarop ik, van blijdschap dwalende, mijne lippen hield gehecht als dronk ik aan de bron des geluks zelve.... Ja, zoo was hij: edel, schoon, indrukwekkend, met den glans der levensvreugd in de zwarte oogen en den frisschen blos der jeugd op het mannelijk gelaat.... En nu? Is hij zoo verouderd als ik? Heeft het verdriet de rozen van zijne wangen geveegd en de rimpels der eeuwige treurnis om zijne lippen geplooid?.... Achttien jaar reeds! Hij is getrouwd, hij heeft kinderen waarschijnlijk, kinderen die hem gelukkig maken. Het was zijn plicht, de arme Hortensia te vergeten.... Waarom ween ik nu? Zinnelooze, die gij zijt! Is het u niet genoeg, dat zijn hart wreedelijk werd verscheurd bij de geweldige scheiding? Wenscht gij dan, dat hij lijde, eeuwig en troosteloos zooals gij? Hoe onverdelgbaar leeft de ikzucht in des menschen ziel!.... Misschien heeft God hem reeds lang van de aarde geroepen? Wee mij, ongelukkige, het is mij zelfs verboden te weten of hij nog leeft!"

Zij sloeg de handen voor de oogen en bleef in stilte hare pijnlijke overwegingen voortzetten. Welhaast echter ontdekte zij weder haar aangezicht en zuchtte:

„Hij meineedig en valsch? Ho, die ijselijke gedachte gaat als een moordpriem door mijn hart. Maar het kan niet zijn! Mijn vader heeft eene wonde ontvangen, die nog immer even pijnlijk bloedt als den eersten dag. De smart, de haat maken hem onrechtvaardig. Hoe? de edele, trouwe ziel, die mij meer beminde dan het leven, hij liet zich door een glansrijker huwelijk verleiden? De politieke drift heeft de liefde in zijnen boezem uitgedoofd? Het is met vrijen wil dat hij de hand der gravin De Hascot....? Laster, laster!"

Zij stond ontroerd op, naderde eene kas en haalde daaruit een kostbaar schrijn.

Weder tot haren zetel teruggekeerd, legde zij het schrijn, dat den vorm had van een vierkant kistje, op hare knieën, opende het en trok er een verfrommeld blad papier uit.

Lang hield zij roerloos, doch met eenen helderen glimlach, den blik er op gevestigd, en alsof zij de lezing van eenen brief voortzette, murmelde zij eindelijk:

„Gij begrijpt, lieve Hortensia, hoe ik onder de treurnis lig gebogen en hoe mij het harte scheurt, niet slechts door mijn eigen wee, maar bij het gepeins uwer droefheid. Ach, ik zie niets dan uw beeld, ik hoor niets dan uwe stem, ik denk slechts aan u, aan u alleen. Er is iets, dierbare Hortensia, dat ik meende u te verzwijgen; maar waarom? Zou uw geloof in mijne trouw niet grenzeloos zijn? Welaan, ik ga het u zeggen: niet genoeg, dat men dus van alle kanten mij bestormt, om mij tegen u en tegen uwen vader op te stoken, nu poogt men mij genegenheid in te boezemen voor zekere gravin De Hascot, die hier aan het hof den hoogen toon voert; maar ware zij nog veel schooner en honderdmaal rijker, nimmer zou ik voor die behaagzieke en lichtzinnige vrouw iets anders kunnen gevoelen dan afkeer en misprijzen. Een hart dat gij, dierbare Hortensia, tot in zijne minste plooi blijft vervullen, is voor alle andere vrouwen gesloten. Wees onbevreesd en wacht met geduld en zekerheid op den heilrijken dag, die ons voor eeuwig zal vereenigen. Die dag zal en moet komen. Wat men hier ook poge of doe, indien gij mij uwe liefde waardig blijft achten, kan niets op aarde mij beletten uw echtgenoot te worden; moest ik het geluk derven, dat wij zoolang hebben gedroomd, het leven wierde mij bitter en hatelijk. Geen vrede, geen genot meer op aarde voor mij, dan aan uwe zijde, goede, dierbare Hortensia. Treur dus niet te veel om onze scheiding; zij zal niet lang duren: de tijd zal wel spoedig den vurigen haat, die de Belgische revolutie deed ontvlammen, tot bedaren brengen; mijn vader zal rechtvaardig en edelmoedig worden als te voren.... en dan, dan vlieg ik met popelend hart naar Brussel, om mijne welbeminde verloofde gelukkig, trotsch en zegevierend, naar het altaar te leiden! Zoo zal het zijn. Onvoorziene tijdsomstandigheden kunnen ons geluk wel vertragen; maar mij met uwe hand alle levenshoop doen verzaken? O, goede, lieve Hortensia, veeleer nog aanvaardde ik den wreedsten dood!"

Met de oogen nog op den brief gericht, zeide mevrouw Von Weiler tot zich zelve:

„Hij meineedig? Hij een bedrieger, een huichelaar?.... Maar hield hij zijn woord? Is niet eene andere vrouw zijne echtgenoote geworden?"

En onder den slag van dit pijnlijk verdenken, stak zij de sidderende hand in het schrijn en trok er een tweede blad papier uit, dat versleten scheen en vale vlekken toonde, als ware het meer dan eens door tranen bevochtigd geworden.

Zij las, met eene stem die beefde van ontroering:

„Hortensia, altijd even dierbare Hortensia, wee, wee over mij! Ach, beklaag mij, maar beschuldig mij niet! Ik ben ongelukkig, hopeloos, verpletterd. Kon God mij toelaten te sterven voordat de slachtoffering voltrokken zij!.... Hoe zal ik u de noodlottige tijding melden, zonder uw hart te verbrijzelen? Het is wreed, afschuwelijk, ongehoord. Hortensia, ik word de echtgenoot der gravin De Hascot! O, verfoei uwen rampzaligen vriend niet! Ik moet, ik moet: mijn vader zou mij haten en verstooten, mijn oom zou mij onterven; de koning wilde het; en evenwel, ofschoon half zinneloos van schrik en wanhoop, weerstond ik alles, en nog riep ik luid, dat ik liever zou sterven dan u, Hortensia, ontrouw te worden. Eilaas, er zijn vervaarlijke dingen, die alle macht kunnen breken. Mijne moeder wierp zich ten gronde voor mij en omarmde mijne knieën, met eenen tranenvloed bad en smeekte zij, om mij te vermurwen; en toen ik onverwinnelijk bleef, dreigde zij mij te vermaledijden, en ik gevoelde, dat zij, in hare verdwaaldheid, het zou hebben gedaan! O, dan, dan, Hortensia, deed de opgehevene, de bevende hand van haar die mij het leven schonk, het bloed in mijne aderen bevriezen. De vloek mijner moeder, de vloek, de vloek.... Zie, tweemaal poog ik dit gruwelijk woord te schrijven, en tweemaal vloeit het weg onder mijne tranen.... In dien ontzaglijken vorm is het bevel der moeder als de stem van God zelf. Om den doemenden bliksem van mijn hoofd te keeren, heb ik het noodlottig jawoord uitgesproken: ik word de bruidegom der gravin De Hascot. Iedereen wenscht mij geluk, mijne ouders juichen, de koning belooft mij zijne gunsten; maar ik, ik ween, ik zucht, ik roep den dood aan, dat hij mij toch in het graf uwe liefde zuiver en ongekrenkt late medenemen. Zal hij mij verhooren? Ik geloof het niet. Het is beslist, arme vriendin: ellendig, rampzalig moet ik worden. De galbeker, dien men mijn leven noemt, zal ik ledigen tot den bodem.... Die gravin De Hascot, waarom liet God haar geboren worden? Ik haat ze, ik verfoei ze, haar naam alleen boezemt mij afschrik in.... en ik moet haar.... en ik zal haar.... Ach, de tranen verduisteren mijne oogen, mijne zinnen verwarren, ik voel de laatste krachten mij begeven.... O, vriendinne, geen lichtstraal meer in onzen somberen levensnacht! De plicht gebiedt: dooden wij alle hoop en, is het mogelijk, alle liefde in ons ijselijk bloedend hart!"

Zij liet den brief op hare knieën vallen, om de tranen te kunnen afvegen, die overvloedig van hare wangen stroomden. Intusschen stamelde zij woorden, die niets schenen te ademen dan medelijden met de doodelijke wanhoop van haren ongelukkigen vriend. Zij sidderde nu en dan wanneer zij in haren geest het lot beschouwde, dat hem waarschijnlijk was te beurt gevallen, als echtgenoot eener vrouw van wie hij zoo akelig terugschrikte.... maar wie kon het weten? Deze vrouw ten minste had hem misschien bemind en was goed jegens hem geweest? Zoo zou, God dank, zijn leven toch min bitter geweest zijn dan hij het had gevreesd.

Deze meer edelmoedige gedachte verlichtte de smart der treurende dame, en zij voelde eenigen troost in haren boezem zinken.

Nauwelijks echter hadden hare tranen opgehouden van vlieten, of zij hoorde beneden de trap eene stem, die haar toeriep:

„Moeder, moeder, waar zijt gij dan?"

Mevrouw Von Weiler, zoo onverwachts uit hare mijmering opgewekt, haastte zich het schrijn met de brieven in de kas te sluiten; zij veegde hare tranen zorgvuldig af, verborg het portret tusschen haren borstdoek, en toen zij hoorde dat iemand de trappen kwam opgeloopen, poogde zij haar gelaat eene kalme uitdrukking te geven en zelfs hare lippen tot eenen stillen glimlach te plooien.

Eene jonge maagd sprong ter kamer in en riep zeer aangejaagd, terwijl zij verwonderd rondblikte:

„Moeder, waar is toch mevrouw Van Giersteen gebleven? Ik heb gezocht, ik vind ze nergens! Is zij reeds heengegaan? Neen, nietwaar? . . . . O, mijn God, wat ben ik blijde, wat ben ik toch blijde!"

„Ik begrijp u niet, mijn kind," morde de weduwe. „Mevrouw Van Giersteen, moest die hier komen?"

„Wel ja, moeder, zij was hier; anders, hoe zou mijnheer Hugo, haar zoon, in het park bij mij gekomen zijn, om mij te roepen?"

„Nu versta ik u in het geheel niet meer. Hugo Van Giersteen is bij u in het park geweest!" zuchtte mevrouw Von Weiler als verschrikt.

„Ja moeder, en hij heeft zoo lang met mij gesproken! Men zou zijn gansch leven zulke schoone dingen willen hooren."

„Maar, om 's hemels wille, Ida, zeg mij toch, van wat heeft hij u gesproken?"

Het meisje legde haren arm over den hals der

dame; en, terwijl zij haar zoende en streelde, zeide zij:

„Grootvader mag het niet weten, hij zou alweder kijven en mij vervaard maken; maar u, moeder, die mij zoo gaarne ziet en zoo goed voor mij zijt, u zal ik alles openbaren. O, het is zoo schoon, zoo schoon als de hemel zelf!...."

„Welnu, Ida, ik luister."

De maagd neigde over den schouder harer moeder, als wilde zij iets aan haar oor fluisteren; maar zij zeide luid en op den toon der uiterste blijdschap:

„Moeder, moeder, hij bemint mij!"

„Ongelukkig kind, heeft hij zulk iets durven....?"

„Ongelukkig? O neen, neen, zijne moeder zal komen, om mij voor hem ten huwelijk te vragen: ik word zijne bruid!"

Mevrouw Von Weiler deinsde een paar stappen terug; zij was bleek en scheen van angstige verrassing te beven.

„Zijne moeder zal hier komen?" stamelde zij. „Liefde, een huwelijk? Barmhartige God, sta ons bij!"

Maar de jonkvrouw, zich waarschijnlijk over den aard harer ontsteltenis misgrijpende, sprong weder aan haren hals en zeide met haastige woorden:

„Neen, moeder-lief, blijf goed; gij weet nog alles niet. Luister, en gij zult zien hoe verleidend schoon het is, niet alleen voor mij, maar tevens voor u. Wij gaan verre van hier wonen, verre van dit leelijk oud kasteel, naar Brussel! Wij zullen vrij in de wereld mogen gaan, en avondfeesten en muziekstonden bijwonen in de rijkste en edelste kringen der hoofdstad; wij zullen gekleed zijn als vorstinnen. Hugo zal ons altijd blijven liefhebben, en aan niets denken dan aan ons geluk; want, ziet gij, moeder-lief, hij wil dat gij ons nimmer verlate: immer, immer moeten wij te zamen zijn.... Daar, nu begint gij weder zoo bitter te krijschen, moeder! En ik, die dacht dat gij den hemel om onze verlossing zoudt hebben gezegend!"

Mevrouw Von Weiler had zich op eenen stoel laten zakken; de tranen rolden inderdaad van hare wangen; zij was zoo diep ontsteld, of door angst of door medelijden, dat zij eenige oogenblikken sprakeloos bleef.

„Maar, moeder," zeide het meisje treurig, „wat heb ik toch misdaan, dat u zoo bedroeft? Is mijnheer Hugo Van Giersteen geen man van goeden huize? Is mevrouw Van Giersteen niet rijk? Hebt gij mij niet meer dan eens gezegd, dat Hugo een beleefd en minzaam jongeling is en dat de zielengoedheid uit zijne groote, opene oogen straalt? En nu hij, met zijne hand, ons liefde, verlossing, vrijheid en geluk aanbiedt, nu weent gij? Is er dan iets geheims, een vonnis, dat ons voor eeuwig veroordeeld heeft, om in zulke troostelooze eenzaamheid een bitter leven te slijten? Neen, nietwaar, moeder-lief, dit is het niet? Grootvader alleen wil het zoo; en gij, gij ook zijt vervaard van hem en gij bukt gedwee onder zijne onverbiddelijke dwingelandij? Maar moeder, Hugo, die de wetten kent, verzekert dat grootvader mijn huwelijk niet kan beletten: gij alleen zijt daar meester over...."

„Zwijg, zwijg, arm kind!" kreet de weduwe met de handen opgeheven: „gij verscheurt mij het hart; uwe woorden zijn zinneloos: grootvader is de goedheid zelve!"

„Waarom beeft gij dan voor hem, moeder? Waarom doet de klank zijner stem alleen mij schrikken?.... Kom, moeder, gij hebt misschien gelijk: bijwijlen is grootvader edelmoedig en goed, inderdaad. Vergeef mij mijne stoute taal.... Zie, ik kus u zoo teederlijk! Gij zult mevrouw Van Giersteen vriendelijk onthalen en haar toestaan wat zij u zal vragen, nietwaar, moeder-lief?"

Het gelaat der weduwe werd zeer streng en hare stem nam eenen vasten toon, als ging zij werkelijk een vonnis vellen.

„Ida," sprak zij, „luister met aandacht op wat

ik u ga zeggen; het zal u voor eenigen tijd ongelukkig maken misschien, maar het is daarom niet min eene onverbiddelijke waarheid. Denk nimmer aan liefde; dit gevoel moet u vreemd blijven, want het kan voor u niets zijn dan een kelk vol verdriet, vol schaamte, vol wanhoop; ja, ja, want de liefde zonder het huwelijk is een zondig gevoel, dat God onmeedoogend straft; en het huwelijk, ziet gij, mijn arm kind, is u voor eeuwig verboden; niet slechts is het u verboden, maar het is eene volstrekte onmogelijkheid. Was Hugo de volmaaktste der menschen, de edelste, de rijkste, de beste, nog bleef een huwelijk tusschen hem en u eene onmogelijkheid, die geene macht op aarde kan verbreken.... Gij weent, Ida? Ach, ik begrijp het: nietwaar, het is wel pijnlijk, die zoetste hoop des levens te moeten verzaken? maar, mijn goed kind, spaar mij zooveel mogelijk het gezicht uwer tranen! Het valt uwe arme moeder reeds zoo zwaar, haar eigen wee zonder bezwijken te dragen!"

Het meisje, als kwam zij in opstand tegen dit wreede vonnis, ontdekte eensklaps haar aangezicht en morde met zichtbare spijtigheid:

„Ja, moeder, ik weet wel wat het is: gij durft niet anders spreken, omdat gij vervaard zijt van grootvader. Ik zal Hugo's raad volgen; ik wil niet meer zoo verdrukt worden; ik zal niet sterven in deze gevangenis!"

„Ik smeek u, kind, hou op; gij weet niet wat gij zegt," zuchtte de weduwe.

„Alzoo dan, moeder, ik zou nimmer mogen trouwen? Van mijn leven niet?"

„Het is onmogelijk, Ida."

„Onmogelijk? Waarom?"

„Ha, daar hoor ik grootvader beneden de trap!" riep de dame met eene uitdrukking, waarin blijdschap en angst zich vermengden. „Zwijg over deze schrikkelijke zaak, Ida-lief; zeg grootvader niets: het zou hem in gramschap doen ontvlammen, hem ziek maken; ik zal het hem allengs en voorzichtig...."

Maar vooraleer zij deze woorden had gesproken, was de jonkvrouw uit de kamer gevlucht; en men kon hooren, dat zij eene hoogere trap besteeg, om tot het tweede verdiep op te klimmen.

Bijna onmiddellijk daarop verscheen mijnheer Von Oberheim in de kamer.

„Is Ida hier geweest?" vroeg hij op somberen toon.

„Zij gaat daareven naar boven," was het stille antwoord.

„En heeft zij u gezegd, dat jonkheer Van Giersteen in het park is gedrongen en met haar heeft gesproken van dingen, die voor ons schrikverwekkend zijn?"

„Ja, vader, zij heeft mij alles gezegd."

„Gij schijnt bedaard? Gij beeft niet, Maria? Voorziet gij dan niet, wat schaamte, wat rampen ons bedreigen?"

„Ik hoop, vader, dat die wolk voorbij zal drijven."

„Zoo? En in stede van uwe dochter sterkmoedig te bestraffen over haar laakbaar gedrag, hebt gij weder geweend, uit medelijden, uit zwakheid!"

„Het arme kind is onnoozel, vader...."

„Onnoozel? Ha, dit noemt gij onnoozel? Een meisje van achttien jaar, die bij de plotselijke verschijning van eenen jongen man, wel verre van met verontwaardiging en schrik te vluchten, zijne liefdesverklaring blijft aanhooren en hem zelfs zegt of laat denken, dat zij — ijselijk! — dat zij hem bemint?"

„Vader, hij gedroeg zich eerbiedig; hij sprak haar van een huwelijk...."

„Van een huwelijk, ongelukkige!" kreet de grijsaard met afschuw in de oogen. „Een huwelijk? Waar zijn toch uwe zinnen? Vergeet gij dan, dat wij in de wereld leven onder valsche namen? dat wij voor iedereen, op straf van eindelooze schande, moeten verborgen houden wie wij zijn? Kan men trouwen onder valsche namen?"

„Ik vergeet het niet, vader," antwoordde de weduwe. „Ook heb ik gedaan wat ik kon, om Ida te doen begrijpen, dat de vervulling van zulken wensch voor haar eene volstrekte onmogelijkheid is."

„En zij heeft alle hoop verzaakt?"

„Zij zal ze allengs verzaken."

„Ha, immer, immer die noodlottige zwakheid!" gromde de grijsaard, van ongeduld ten gronde trappend. „Neen, Maria, zoo kan het niet blijven duren. Uw gebrek aan moed drijft ons onfeilbaar naar den afgrond, dien wij sedert achttien jaar, ten koste van allen vrede en van alle geluk, pogen te ontvluchten. Ik, die man ben, zal sterk zijn voor ons beiden. Ida bereikt de jaren, waarin de stem der natuur den mensch aandrijft tot het zoeken van gezelschap. Versmachten wij die strekking in haar niet onmeedoogend, dan zal zij de schuld worden van ons ongeluk en ook van het hare. Het is niet, na gedurende bijna twintig jaren alles te hebben opgeofferd, dat ik als een lafaard de vruchten van ons bitter lijden zal vernietigen. Neen, Ida zal onder het noodlot bukken, gedwee en gewillig, of ik zal tot de minste hoop in haar hart met geweld verstikken...."

„O, vader, vader, heb een beetje medelijden met het arme kind!" smeekte de weduwe, terwijl zij de handen tot hem ophief.

„Geen medelijden! Wij liggen allen gebogen onder eene stalen wet, die onverbiddelijk ons beheerschen moet tot het einde van ons leven. Ida zal aan die wet gehoorzamen evenals wij! Meer dan wij! Van heden af zal zij niet meer in het park gaan; zij zal op hare kamer blijven.... en verras ik ze nog eens onder de opene lucht, wee haar!"

De weduwe kon de droefheid en den angst van haar moederhart niet langer bedwingen. Zij borst los in tranen en snikte hoorbaar.

Het gezicht harer smart scheen de ongeduldige spijt des grijsaards te bedaren. Hij beschouwde zijne dochter eene wijl in stilte, schoof dan eenen stoel bij, nam hare hand en zeide op zachten toon:

„Maria, kom, ween zoo bitter niet. Wij zijn ongelukkig, diep ongelukkig; maar gij weet wel...."

„Opgesloten in hare kamer, in eenen kerker!" kreet zij. „Nog niet genoeg afgezonderd! O, mijn kind, mijn arm kind!"

„Ja, arm kind, zeker," herhaalde mijnheer Von Oberheim. „Kon de afstand van mijn leven iets tot de verbetering van haar lot bijbrengen, o, ik offerde het op, onmiddellijk en God dankend! Gij weet het immers wel?... Wees redelijk, Maria. Weersta de moederliefde; doe geen nutteloos geweld om uw kruis af te schudden; zie de zaken, met moed en koelheid, zooals ze voor ons zijn. Reeds gedurende achttien jaren dwalen wij door de wereld, zoekend naar de eenzaamste oorden, om daar tot zelfs ons bestaan te verbergen. Telkens dat de nieuwsgierigheid der lieden ons verontrustte, telkens dat wij gevaar liepen van bekenden te moeten maken, vluchtten wij weg naar verre streken; en gij waart het, Maria, die met de meeste angstigheid allen onbescheiden blik poogdet te ontwijken. Ida was evenwel alsdan nog een argeloos kind! Tijdens ons laatst verblijf in de gebergten van Portugaal, waar wij gansch rustig konden leven, had de landziekte u aan het kwijnen gebracht. Gij snaktet naar de lucht van België. Indien ik u zoolang weerstand bood, was het alleenlijk omdat ik zag, dat Ida welhaast eene jonge vrouw zou worden en van de eenzaamheid zou schrikken. Ida kende de Portugiesche taal niet; ik had met inzicht belet dat zij er een enkel woord van leerde. Zoo was het gevaar min dreigend. Hoe anders moest het zijn in België, waar Ida uit ieders mond de taal harer moeder zou hooren? Ach, wat ik vreesde is geschied! De wolken drijven te zamen boven ons hoofd; ontbreekt ons geesteklaarheid of moed, dan barst de storm los, en wij en Ida, wij zijn verloren voor altijd. Kom Maria, wees verduldig, het is slechts een enkele druppel meer in den galbeker onzes levens."

„Ida opgesloten, gevangen als eene misdadige, den hemel niet meer mogen aanschouwen!" zuchtte de weduwe, wier tranen nu bijna hadden opgehouden te vloeien.

„Het moet zoo zijn, het kan niet anders, Maria, ten minste totdat dit gevaar verdwenen zij."

„Welk lot! o, het is ijselijk, zijne jeugd zoo te moeten zien voorbijgaan, troosteloos, als eene slavin, zonder vrijheid, zonder eene enkele vreugde des harten! En onschuldig zijn als een lam!"

„Uwe zinnen dwalen, Maria," sprak de grijsaard verwijtend. „Ben ik dan schuldig? Vergat ik ooit mijnen plicht jegens God of jegens de samenleving? En heb ik niet geleden! Gaat mijn leven niet voorbij zonder rust en zonder genot? Ik was de telg van een doorluchtig geslacht, ik was rijk, vereerd en ontzien; mijne plaats was bij den koninklijken troon; eerzucht gloeide in mijnen fieren boezem; ik moest eene hooge plaats bekleeden in het bestuur van mijn vaderland.... En nu? Nu ben ik een man, die terugbeeft voor elken onderzoekenden blik en die slechts eene gunst afsmeekt: dat hij onbekend moge blijven, als hadde hij nooit bestaan! Heb ik mij daarover beklaagd? Indien de immer wakende angst, indien het verschrikte eergevoel mij niet als eene gloeiende zweep op de schouders lag, zou ik u ooit herinneren, wat ik heb verloren?.... En gij, mijne arme Maria, is uw leven niet een eeuwig verdriet? Is uwe jonkheid niet voorbijgegaan in tranen? Bedwing dus uw moederlijk medelijden. Laat Ida haar deel dragen van het lot, dat even onverbiddelijk op ons allen drukt. Zoudt gij het willen wagen, na zooveel opofferingen, den naam van ons doorluchtig voorgeslacht door uwe schuld onteerd te zien? Kunt gij het gepeins verdragen, dat ons vaderlijk schild door uwe zwakheid met die onuitwischbare slijkvlek zou worden besmet?"

„O neen, vader, neen!" riep de weduwe, van verschriktheid sidderende.

„Liever sterven, nietwaar, Maria?"

„Ja, vader, liever nog den dood!"

„Welnu, uwe onderwerping aan de noodzakelijkheid bedaart een weinig mijne vrees over een onmiddellijk gevaar. Luister, Maria, wat ik heb besloten. Die Hugo Van Giersteen is een geestdriftig en moedig jongeling; hij bemint Ida oprecht en innig, ik ben er zeker van, en zijne liefde is nog aangevuurd door de gedachte, dat Ida wordt verdrukt en mishandeld. Zijn ridderlijk hart doet hem hare verlossing als eene eervolle taak beschouwen. Hij heeft mij bedreigd, het onmogelijke te pogen om haar uit mijne macht te rukken. Wij moeten dus op onze hoede zijn, en het hangt van ons af, te maken dat deze bedreigingen ijdele woorden blijven. Daartoe is het vooral noodig, dat Hugo en Ida elkander nimmer meer zien, noch van dicht noch van verre. Ik heb beslist dat wij elken Zondag naar een ander dorp zullen ter kerke gaan, en nimmer zal ik aan iemand — zelfs niet aan u, Maria — op voorhand zeggen welk dorp ik zal uitgekozen hebben. Hugo heeft gezegd dat zijne moeder u zal komen spreken. Ik geef straks de strengste bevelen aan al onze dienstboden; wij zijn van heden af niet meer te huis, voor niemand hoegenaamd. Ida zal op hare kamer blijven, en de vensters zullen langs buiten tot op eene toereikende hoogte, geblind worden."

„O vader, dit kan niet zijn!" zuchtte de weduwe. „Ida zal ziek worden, zonder licht en zonder lucht! Heb medelijden met haar. Laat haar in het park wandelen, al ware het slechts een paar uren elken dag!"

„Onmogelijk, Maria, in het park staat het prieël. Van daar ziet men in het veld en men kan er van zekeren afstand door voorbijgangers bemerkt worden. Is het gezicht van het beminde wezen, is een teeken elken dag niet genoeg, om een vuur te voeden dat slechts eene genster vraagt om verterend op te vlammen?"

„In den tuin dan ten minste, vader; het arme kind zal verkwijnen als zij hare bloemen niet meer mag bezoeken."

„Welaan, laat ons het beproeven, mijne dochter," zeide mijnheer Von Oberheim met zichtbaren onwil, „om u te voldoen, stem ik er in toe. Het zal mij eene grootere waakzaamheid opleggen. Ida wandele dus in den tuin; maar verras ik haar in het park, eene enkele maal, dan geene genade; ik sluit haar op in hare kamer en ik draag den sleutel op mij. Wees gij nu insgelijks moedig en sterk.... Doe Ida beneden komen."

„Hemel, wilt gij ze bestraffen, vader? Handel haar toch niet te hard!"

„Ik wil haar haren plicht doen begrijpen en haar de overtuiging indrukken, dat zij moet gehoorzamen."

„Gij zult haar bedreigen?"

„Ja, het is noodig."

„Ongelukkig kind, lijden en schrikken, niets anders van het leven!"

„Maar, Maria, wenscht gij dan dat deze liefde haren gang ga, en zich ontwikkele en avonturen doe ontstaan, die ons het voorwerp der openbare nieuwsgierigheid maken? Wilt gij gedwongen worden, dit oord en uw vaderland te ontvluchten?"

„God! zou dit ongeluk ons kunnen treffen?"

„Doet die vrees u beven, Maria, zoo wees van goeden wil. In plaats van Ida tegen mij te verdedigen, help mij. Ja, ja, ik moet Ida schrik aanjagen; het is het eenige middel om indruk op haar gemoed te doen."

„Maar vader, indien zij zich gewillig onderwerpt?"

„Dan zal ik niet streng zijn; integendeel.... Nu bedwing uw hart, Maria."

Hij ging bij de trap staan en riep luid:

„Ida, kom beneden!"

Eenige oogenblikken daarna hoorde men eene deur openen en den stap van iemand, die zeer traag de trappen afdaalde.

Ida verscheen in de kamer; zij bekeek haren grootvader sprakeloos en zoo vast en stout, dat zij den grijsaard met verrassing sloeg.

„Ida," zeide hare moeder angstig, „wees redelijk. Wat grootvader u wil zeggen, is de zuivere waarheid, en al wat hij doet is vóor uw geluk."

De maagd, die misschien in hare eenzaamheid besloten had den raad van Hugo te volgen, bleef nog zwijgend; maar de grijsaard hield zijnen blik zoo doordringend en zoo dreigend in hare oogen gevestigd, dat hare stoutheid gansch verging en zij zichtbaar begon te beven. Dan zeide hij:

„Ida, wie voornemens is, zijne plichten te vervullen, hoeft niet te vreezen. Mijnheer Van Giersteen is als een verrader binnen onze muren geslopen en heeft de onbeschaamdheid gehad, u van dingen te spreken, die eene eerzame dochter nooit uit den mond van eenen man mag hooren."

„Maar, grootvader, gij bedriegt u," zuchtte het meisje: „hij zeide mij dat zijne moeder zal komen, om mij voor hem ten huwelijk te vragen. Is dit nu kwaad?"

„Een huwelijk, ongelukkig kind!" viel de grijsaard uit. „Uwe moeder heeft het u reeds gezegd: een huwelijk is en blijft voor u onmogelijk."

„Ben ik dan geen mensch als een ander? Zou het huwelijk voor mij alleen eene onmogelijkheid zijn? Waarom? zeg mij ten minste waarom?"

„Zwijg!" riep mijnheer Von Oberheim, om die gevaarlijke vraag te versmachten. „Gij zijt een ongehoorzaam kind. Wat kan nu zulke ijdele liefde u berokkenen? Anders niets dan oneer, schaamte en levenslang verdriet. Beloof mij, dat gij aan Hugo niet meer zult denken en bovenal, dat gij niet meer zult wenschen hem nog ooit te zien."

„Dat kan ik niet beloven: ik zou liegen," wedersprak het meisje tamelijk bitsig.

„Ida, Ida!" riep de weduwe met opgeheven handen, „onderwerp u aan eene noodzakelijkheid die niet te ontwijken is. Wees gohoorzaam; doe het uit liefde voor mij!"

„Maar, moeder, kan ik dan mijn hart gebieden te zwijgen? En indien ik Hugo bij de kerk ontmoet of hem zie van uit het priëel?"

„Gij zult hem niet meer zien, noch bij de kerk noch van uit het priëel," zeide mijnheer Von Oberheim. „Van dit oogenblik af, is het u verboden, nog in het park te gaan; in den tuin, onder den open hemel, zult gij mogen wandelen; maar zet gij nog eens den voet in het park, dan sluit ik u op in uwe kamer en gij zult niet meer beneden komen, zelfs niet om te eten. Weersta mijn gebod niet langer, hardnekkig meisje, of ik zal u toonen, dat gij nutteloos worstelt tegen uwen plicht en tegen mijnen ijzeren wil! Indien gij Hugo nog ziet, wordt gij ongelukkig voor altijd."

Ida begon te weenen.

„Zeg dat gij zult gehoorzamen, mijn kind," fluisterde de weduwe aan haar oor. „Grootvader zal goed en minzaam voor u worden."

„Maar indien Hugo eens boven den muur klom en ik hem onverwachts bemerkte?" snikte het meisje.

De grijsaard gaf zijn gelaat eene schrikwekkende uitdrukking, greep de bevende maagd bij den pols en gromde met nadruk:

„Ha, gij durft nog hopen? Welnu, luister en vergeet mijne woorden niet. Van nu af draag ik immer mijne groote pistool geladen op mij. Ik zal waken, bespieden, u nimmer uit het oog verliezen.... en, verras ik Hugo boven den muur of op eene andere plaats terwijl gij naar hem ziet, dan drijf ik hem eenen kogel door het hoofd en ik vermoord hem!"

„Genade, genade!" huilde het meisje, op de knieën vallende. „O, grootvader, dood hem niet; ik zou sterven denzelfden dag!"

„Welaan, zijn leven is in uwe handen. Zie nu, wat gij wilt of moogt doen!"

En met deze woorden verliet mijnheer Von Oberheim de kamer.

Ida vloog met eenen hulpkreet in de armen harer moeder, die, bleek van angst en sidderend van medelijden, het verschrikte meisje op haar hart drukte.

V.

Vier of vijf dagen waren er verloopen, zonder dat de bewoners van den Ouden Steen nog iets aangaande jonkheer Hugo hadden vernomen. Ida, alhoewel immer zeer treurig, scheen zich aan haar lot te hebben onderworpen.

Dien morgen, na eene wijl voor het kruis te hebben gebeden, overwoog nu de weduwe met zeker genoegen, hoe dit dreigend onweder, zonder hun nieuwe smarten te hebben opgelegd, was voorbijgedreven. Wat haar nog meest had ontsteld, was de gedachte, dat indien Hugo niet van zijne ontworpen vervolging had afgezien, zij misschien waren gedwongen geworden, België te verlaten om opnieuw in de wijde wereld te gaan dwalen. Dit gevaar, meende zij, was nu afgekeerd door de sterkmoedigheid haars vaders, die den jongeling genoeg had verschrikt om hem alle verdere poging te doen opgeven.

Terwijl zij welgemoed aan dit alles dacht, kwam Ida beneden.

Na eenen teederen kus, schoof het meisje eenen stoel bij en zeide met stille doch ontroerde stem:

„Moeder, mijn hart klopt zoo zonderling! Mijne hersens zijn gansch duizelig; ik heb zulken onbegrijpelijken droom gehad dezen nacht."

„Gij hebt weder met den arm onder uw hoofd geslapen, zeker?"

„Ik weet het niet, moeder; maar wat ik heb gezien, heeft mij zoo diep ontroerd, dat ik er nog van sidder."

„Laat hooren, wat hebt gij dan zoo vervaarlijks gedroomd?"

„Niet zeer vervaarlijk was het, moeder; maar vreemd en verrassend. Ik droomde dat mijn vader niet dood was. Ik heb hem gezien, levend; hij heeft mij in zijne arme gedrukt en mij zijne welbeminde dochter genoemd. Zijn teedere zoen gloeit nog, daar, op mijn voorhoofd.... Gij schijnt verschrikt, moeder? Ach, het was slechts een droom, een schoone droom!"

De weduwe, bleek van verrassing, had zwijgend op de woorden harer dochter geluisterd. Nu stamelde zij met slecht geveinsde onverschilligheid:

„Wat is een droom, kind? Eene ijdele begoocheling der zinnen. Gij weet wel dat uw vader gestorven is, toen gij nog geen jaar oud waart?"

„Ja, zeker, moeder.... Ik had een weinig geweend, en ik ben ingesluimerd met de gedachte, dat, indien mijn vader had geleefd, hij niet gelijk grootvader mijnheer Van Giersteen zou hebben verstooten. Tegen den morgen, in mijnen slaap, zag ik mij zelve in het park. Hugo was over den muur geklommen en kwam tot mij. Hij scheen zegevierend, en riep dat hij mij kwam halen, om mij als zijne bruid naar den autaar te leiden. Maar dan zag ik grootvader woedend komen toegeloopen, met een glinsterend mes in de hand. Ik meende te sterven van schrik en kermde om hulp. Er begon eene akelige worsteling. Grootvader smeet Hugo ten gronde, en ging hem met zijn mes doorsteken.... maar eensklaps stond daar een heer, een schoone man, die grootvader het mes uit de hand wrong en, door eenen enkelen blik zijner indrukwekkende zwarte oogen, hem verschrikt deed wegvluchten. Die heer sloot mij op zijn hart, noemde mij zijn kind.... en, mijne hand in de hand van Hugo leggende, zeide hij: „Ida, mijne lieve Ida, voortaan geen verdriet meer: Hugo wordt uw bruidegom!".... Ik schoot wakker; en toen ik erkende dat ik slechts had gedroomd, borsten de tranen uit mijne oogen."

Er heerschte eene korte stilte; mevrouw Von Weiler was in verlegenheid en schudde nadenkend het hoofd.

„Vreemde droom, nietwaar, moeder?" vroeg de maagd.

„Ida, gij doet niet wel," antwoordde de weduwe. „Wat is uw droom anders, dan de vertooning uwer eigene gepeinzen, gevoegd bij de misvormde herinnering van wat verledene week is geschied? Hadt gij ons niet beloofd, dat gij, u onderwerpend aan het lot, zoudt pogen Hugo te vergeten?"

„Ik poog het, moeder-lief. Vermits het volstrekt onmogelijk is, dat ik de bruid van Hugo worde, wensch ik aan hem niet meer te denken; maar dit gaat zoo gemakkelijk niet. Allengskens, moeder...."

„Kom, gij zijt een braaf kind," zeide mevrouw Von Weiler, haar ontroerd omhelzende. „Ga nu in den tuin en wandel wat onder de lucht; het is zulk fraai weder."

„Moeder, ik bid u, laat mij eerst het portret van mijnen vader-zaliger nog eens zien!"

De weduwe schudde weigerende het hoofd.

„Ach, grootvader zal het niet weten. Eenen enkelen blik!"

Zij kreeg het juweel in de hand en opende het.

„Ja, ja, mijn droom heeft mij niet bedrogen," kreet zij. „Hij scheen veel ouder toch en zijn gelaat was bleek; maar toen hij grootvader het mes uit de hand rukte, ontsprongen er vurige gensters uit die groote zwarte oogen. Wat was mijn vader toch een schoone man, nietwaar, moeder?"

„Ja, ja, geef mij het portret terug en ga, wandel in den tuin; maar omtrent het park niet, hoort gij?"

Ida drukte eenen zoen op het juweel en verliet de kamer, terwijl zij nog zeide:

„Neen, moeder, ik zal bij mijne bloemen blijven.... en, wil ik zitten, grootvader heeft eene bank tegen het koetshuis doen brengen; daar is lommer."

De weduwe luisterde eene wijl op hare stappen. Dan, met de oogen neergeslagen, zuchtte zij:

„Arm kind! zij droomt dat haar vader nog leeft! Van waar komen haar zulke gedachten?"

En zij begon, in zich zelve murmelende, langzaam over en weder te stappen, totdat zij onverwachts door de komst van mijnheer Von Oberheim in hare mijmering werd gestoord.

De grijsaard zag er bekommerd en spijtig uit.

„Wat is er geschied, vader?" vroeg de weduwe. „Gij schijnt zoo verdrietig."

„Ach, ons zal dan nimmer een oogenblik vrede gegund worden!" zeide hij met eenen zucht. „Wij streelden ons met de hoop, dat Hugo Van Giersteen alle poging tot verwezenlijking zijner wenschen zou hebben verzaakt. Het tegendeel is waar: hij stelt alles te werk om zijne bedreigingen te kunnen uitvoeren; en, God weet, welke akelige vervolgingen wij nog van hem te duchten hebben. Ik gevoel mij ongelukkig bovenmate."

„Gij verschrikt mij, vader. Wat doet dan Hugo?

„Dezen morgen had ik onzen knecht Johann naar den Reigerspoel gezonden, om daar eenige werklieden te halen. Johann heeft Hugo onderweg ontmoet; en, weet gij wat de vermetele jonkheer onzen knecht durfde voorstellen? Hij heeft hem duizend franken in geld, eene plaats van boschwachter en eene zware jaarwedde aangeboden, om ons te verraden."

„Wat wil dat zeggen?" mompelde de weduwe verbaasd.

„Johann is niet slechts onze trouwste dienaar, maar hij is tevens een behendig man. Door te veinzen, dat hij geneigd was des jongelings voorstellen te aanvaarden, heeft hij hem uitgehoord, en dus vernomen welke zijne inzichten zijn. Hugo wilde, met de hulp van Johann, uwe dochter Ida oplichten..."

„Mijn kind oplichten, o Hemel!" kreet mevrouw Von Weiler.

„Ongehoord, uitzinnig, nietwaar? Dat zulke aanslag zou kunnen gelukken, hoeft gij niet te vreezen. Dit is het ergste niet. Volgens zijne verklaring zou hij Ida bij een zijner oomen brengen, die een kasteel bewoont langs de kanten van Kortrijk. Dan zou hij de hulp van het Gerecht inroepen, mij beschuldigen van onwettige opsluiting en mij doen veroordeelen. Dit zijn zijne eigene woorden."

„IJdele woorden," zeide de weduwe met zekere blijdschap in de oogen. „Ben ik niet meester over mijne dochter, en zijn al onze dienstboden niet daar om van mijne teederheid en van uwe goede zorg te getuigen. Zou Ida zelve niet uitroepen, dat zij voor niets ter wereld van hare moeder wil gescheiden zijn?"

„Ja, ja," gromde mijnheer Von Oberheim, „daar ligt echter het dreigend kwaad niet, Maria. Mij zien veroordeelen? Het ware belachelijk, de mogelijkheid van zulk iets te veronderstellen; maar indien het Gerecht hier kwam om een onderzoek te doen? Indien men ons wilde ondervragen? Het eerste waartoe men ons zou verplichten, zou de opgave onzer echte namen, onzer geboorteplaats en onzer hoedanigheid zijn. Kunnen wij aan dien eisch gehoorzamen, Maria, zonder voor de geheele wereld te openbaren, wat wij sedert twintig jaar ten koste van ons geluk hielden verborgen? En aan het Gerecht valsche namen opgeven en met deze valsche namen onze verklaring onderteekenen, is eene misdaad welke de wet met gevangenis straft. Eilaas, van alle kanten grijnzen onheil en schande ons aan!"

Mevrouw Von Weiler had in stilte deze mededeeling aangehoord; zoo dreigend scheen haar de toestand, dat zij de kracht niet vond om, naar gewoonte, den schrik haars vaders te bestrijden.

„Ik zie slechts een middel, Maria," zeide deze, „onmiddellijk onze voorbereidsels maken en België ontvluchten."

Deze woorden, die de weduwe eenen angstkreet ontrukten, brachten haar met geweld terug tot het gevoel der wezenlijkheid. Zij begon haren vader onder de oogen te brengen, dat waarschijnlijk de bedreigingen van Hugo geen gevolg zouden hebben. Het was natuurlijk dat de jongeling, in zijne liefde en in zijne wenschen bedrogen, gedurende eenige dagen zich door de wanhoop allerlei ijdele ontwerpen zou laten inboezemen; maar die opgewondenheid zou welhaast verminderen. In alle geval, men kon het eenigen tijd afwachten zonder een opperst besluit te nemen, en, bleek deze hoop ongegrond te zijn, welnu, in Godsnaam dan, zij zouden al weder in verafgelegene streken eene nieuwe schuilplaats gaan zoeken. Zij mochten echter denken, dat zij aan deze bittere noodzakelijkheid zouden ontsnappen. Het was genoeg te zien aan Ida: de eerste twee dagen had zij onophoudend geweend en gekermd; nu reeds was zij stil en gelaten; zoo zoú het Hugo insgelijks gaan."

Door meer andere overwegingen van dien aard en bovenal door hare lijdzame onderwerping, bracht zij eindelijk eenige gerustheid in het gemoed haars vaders. Hij erkende dat zijne vrees kon ongegrond zijn en stemde er in toe, de zaken nog eenige dagen na te zien.

Terwijl hij gereed stond om de kamer te verlaten, zeide hij:

„Wees niet te angstig, Maria; er zal nauwe wacht gehouden worden. De goede wil van Ida is voor ons eene gelukkige omstandigheid. Nu moet ik eenige oogenblikken in het veld, om te zien wat de werklieden doen. Ik zal bij mijn terugkeer Johann in de weide laten, om den ganschen dag dien kant van den muur te bewaken."

Onder het uitspreken dezer woorden ging hij heen.

Op den voorhof gekomen, zag hij Ida in de schaduw gezeten, op de bank welke hij daar voor haar had doen stellen. Dit verheugde hem en hij knikte vriendelijk in het voorbijgaan, om zijne goedkeuring uit te drukken.

Het meisje keek hem roerloos achterna, totdat zij hem de achterpoort had zien openen en weder sluiten. Als werd haar hart van eenen zwaren steen ontlast, ademde zij met volle teugen en staarde langs alle kanten in het ronde naar de kruin van den muur en naar het park; maar een roode blos kwam eensklaps hare wangen kleuren en zij sloeg als beschaamd den blik neder.

Wat hoopte zij dan? Niets. Het waren onbewuste opwellingen harer ziel. Zij deed, zooals zij het hare moeder had beloofd, geweld op zich zelve om niet aan Hugo te denken; maar die inspanning haars geestes bracht het beeld des jongelings levendiger nog voor hare oogen. Misschien was het een gevoel van angst, dat haar onwillig naar den muur en naar het park deed kijken. Indien Hugo eens verscheen, zou haar grootvader hem dan waarlijk doodschieten?

Te midden harer overwegingen deed een gerucht van rollende wielen haar opspringen. Zij luisterde een oogenblik met kloppend hart, en zeide dan tot eene meid, die nevens haar bezig was met groensels te kuischen:

„Hedwig, het is eene koets; zij blijft staan voor de poort. Ga en open ras!"

„Ja, mejuffer, het zal niet lang zijn: ik moet zeggen dat er niemand te huis is."

En met deze woorden liep zij naar de poort en opende ze slechts een weinig, om hare boodschap af te leggen, zonder de bezoekers den blik op den voorhof te laten slaan.

Maar Ida, door eene onweerstaanbare nieuwsgierigheid medegerukt, had haar eenige stappen verre gevolgd, en herkende nu de persoon, die moeite deed om te worden binnengelaten.

Zij liep naar de poort, trok ze verder open en riep:

„Ha, goeden dag, mevrouw Van Giersteen! Wat geluk, u te zien!"

„Dank, mejuffer, voor uwe vriendelijkheid," zeide de barones. „Dit meisje daar beweert dat uw heer grootvader en mevrouw uwe moeder afwezig zijn. Zij zegt de waarheid niet, ik ben er van overtuigd. Met uwen heer grootvader heb ik niets te stellen; uwe moeder verlang ik te spreken, en gij zoudt mij zeer verplichten met haar te gaan melden, dat ik, op de dringendste wijs, haar een kort onderhoud afsmeek."

„Kom binnen, mevrouw, kom binnen," antwoordde Ida. „Gelief mij te volgen tot in de zaal; mijn grootvader is niet hier; ik zal met haast mijne moeder gaan verwittigen."

Zij meende naar boven te loopen, toen zij de dame in de zaal had gebracht; maar deze greep haar de hand en zeide:

„Een oogenblik, als 't u belieft, mejuffer: ik moet u iets vragen. Kent gij de reden van mijn bezoek? Gij bloost? Kom, met mij moogt gij openhartig zijn. Ik heb eene innige genegenheid voor u gevoeld, van de eerste maal dat ik u zag."

„Mijnheer Hugo heeft mij uw bezoek aangekondigd, mevrouw," murmelde het meisje.

„En hebt gij vrede met het doel dat mij hier leidt?... Ik zal klaarder spreken. Hugo bemint u met eene ware zinneloosheid; mag ik gelooven dat uw hart hem met wederliefde betaalt? Gij antwoordt mij niet? Zoudt gij met vreugde zijne bruid worden?"

„Zijne bruid worden!" zuchtte Ida met de oogen ten hemel. „Indien dit mogelijk ware!"

„En mij, zijne moeder, zoudt gij mij insgelijks beminnen?"

Voor alle antwoord sprong het meisje aan haren hals en zoende haar teederlijk.

„Welnu, mejuffer, heb maar goede hoop. Ik weet waarom uw heer grootvader zegt, dat een huwelijk voor u onmogelijk is. Indien, zooals ik denk, geene andere hinderpalen in den weg staan, zal ik de beweegredenen van mijnheer Von Oberheim gemakkelijk overwinnen. Een weinig minder geld zal u noch Hugo beletten, gelukkig te zijn. Ga, roep nu uwe moeder."

De maagd vloog naar boven en verraste de weduwe met de woorden:

„Moeder, moeder, de barones Van Giersteen

is beneden; zij wil u spreken, gij weet wel waarover....”

„Hemel, wat hoor ik!” kreet de weduwe verbleekend. „Heb ik wel verstaan, Ida? Mevrouw Van Giersteen beneden? Wie heeft haar binnengelaten?”

„Ik, moeder. Maar waarom toch doet hare komst u zoo schrikken? Eene goede, vriendelijke dame....”

„Hebt gij haar gezegd dat ik te huis ben?”

„Ja, moeder.”

„Zinnelooze, wat hebt gij gedaan! Ga terug, zeg haar dat gij u hebt misgrepen, dat ik naar Brussel ben gereisd.”

„Maar, moeder, dit kan toch niet zijn. Zij zou het kwalijk nemen. Ach, vrees niets van haar. Zij zegt dat zij een middel, een zeker middel weet, om de reden te vernietigen die mijn huwelijk met Hugo belet.”

„Ga, ga, Ida, doe wat ik u zeg!” riep de weduwe in de uiterste ontsteltenis. „Ongelukkige, wist gij in welken hachelijken toestand gij mij brengt! Ik ga niet beneden, ik wil, ik kan niet!”

Het meisje viel op de knieën en kermde met tranen:

„O, moeder, ik smeek u, laat mevrouw Van Giersteen niet heengaan als iemand die gij schandelijk wegjaagt! Is het u onmogelijk, haar toe te staan wat zij vraagt, weiger; maar doe toch Hugo's moeder dien onvergetelijken hoon niet aan!"

„Het zij zoo!" zeide de weduwe, eensklaps tot een besluit gekomen, „maar behoud geene hoop, Ida: er is geene hoop, niet de minste. Ga op uwe kamer; indien gij ze durft verlaten, zal ik schrikkelijk verdriet hebben en gram zijn."

Het meisje liep naar binnen.

„O mijn God, wat ga ik haar zeggen?" mompelde mevrouw Von Weiler in zich zelve. Vatten wij al onze kalmte en al onze sterkmoedigheid te zamen. Geen tijd om te overwegen. Ik voel reeds het rood der verlegenheid op mijne wangen gloeien. Kom, kom, het hoofd geboden aan dien slag van het lot!"

Zij daalde de trappen af, onderweg het uiterst geweld inspannende om eenige bedaardheid te bekomen en haren angst te verbergen.

In de zaal verschijnende, groette zij Hugo's moeder met koele beleefdheid, bood haar eenen stoel aan en vroeg:

„Mevrouw Van Giersteen, mag ik vernemen waaraan ik de eer van uw bezoek verschuldigd ben?"

„Gij weet het waarschijnlijk," antwoordde de andere, „maar ik begrijp dat men, in zulke ernstige omstandigheden, de zaken klaar en duidelijk wil uitgedrukt hebben. Welaan, mevrouw, ik spreek zonder omwegen. Mijn zoon heeft gelegenheid gehad, om uwe dochter nu en dan bij de kerk te zien. Hij is allengs zoo smoorlijk op haar verliefd geworden, dat hij er bijna de zinnen van verloren heeft. Het schijnt dat mejuffer Ida niet onverschillig voor hem is gebleven. Zij zijn beiden jong, schoon en van edel bloed. Ik weet niet, wat ons zou aandrijven om hunne wenschen niet te vervullen, en ik kom van u vernemen of gij in hun huwelijk zoudt willen toestemmen. Bekwam ik uw voorloopig jawoord, dan zouden wij, van wederzijde met toegevendheid en in vriendschap, over de voorwaarden handelen."

„Ik acht mij, als moeder van Ida, zeer door uw aanbod vereerd, mevrouw," zeide de weduwe, „en het spijt mij ten hoogste, u een afwijzend antwoord te moeten geven; maar er is een onoverkomelijk beletsel. Ida kan niet trouwen."

„Mejuffer Ida kan niet trouwen?" herhaalde de barones met eenen lichten twijfellach.

„Het is volstrekt onmogelijk, mevrouw, en wilt gij uwen goeden zoon een langer verdriet sparen, stel hem toch deze onvoldoenbare neiging uit het hoofd."

„Het is gemakkelijk te zeggen," morde de oudere dame. „Hebt gij dan niet bemind, mevrouw? Ach, kondet gij mijnen armen Hugo zien! De wanhoop maakt hem uitzinnig; hij rukt zich het haar uit het hoofd; hij zou er zeker eene doodelijke ziekte van doen, moest zijne hoop teleurgesteld worden. Mejuffer Ida heeft insgelijks verdriet; gij zijt moeder, evenals ik. Wat is er zoeter voor ons, dan onze kinderen gelukkig te zien? Kom, zeg dat, indien mijne voorwaarden u bevallen, gij niet zult blijven weigeren."

„Al wilde ik toestemmen, mevrouw, het is onmogelijk, geheel onmogelijk!"

Deze vaste afwijzing scheen Hugo's moeder te kwetsen.

„Welnu," zeide zij, „vermits het niet anders kan, spreken wij dan allereerst van stoffelijke dingen. Ik ben zeer rijk, mevrouw, en indien ik het goed voor heb, zijt gij in hetzelfde geval; maar het schijnt dat uw heer vader, evenals vele oude lieden, zeer nauw op het geld ziet, en vreest dat ik eenen aanzienlijken bruidschat zal eischen, Welnu, hij misgrijpt zich: ik zal, moet het zijn, mij met zeer weinig laten bevredigen."

„Wij denken niet aan geld; dit is de reden niet," bemerkte de weduwe, die eenigszins van haren schrik was teruggekomen en zeer bedaard scheen.

„Welke zou anders de reden zijn?" mompelde

mevrouw Van Giersteen. „De geboorte? Ons geslacht is van ouden en hoogvereerden adel, mevrouw, en mijn zoon voert den titel van baron."

„Ik weet het wel. Dit is het niet."

„Is Ida volgens u nog te jong? Ik was meer dan een jaar jonger dan zij, toen ik in het huwelijk trad."

De weduwe schudde ontkennend het hoofd.

„Is het mijn zoon, is het zijne inborst die u niet behaagt? Hij, alhoewel niet bestemd om in de wereld iets bepaalds te verrichten, is zeer geleerd, mevrouw, en wat zijn hart betreft, indien het een gebrek heeft, dan is het zeker eene overdrevene edelmoedigheid."

Weder schudde mevrouw Von Weiler het hoofd.

„Maar indien het niets van dit alles is," morde Hugo's moeder met verwondering, „wat is het dan? .... Mijne vraag schijnt u te verschrikken, mevrouw? Gij antwoordt mij niet? Zou er een geheim bestaan, dat gij niet kunt openbaren? Haast zoudt gij mij zelve doen terugdeinzen van den stap dien ik waag!"

„Een geheim, een geheim," stamelde de weduwe, zichtbaar bevend, „o neen, neen."

„Welnu, zeg ten minste de reden uwer weigering, mevrouw. Tusschen lieden van onzen stand antwoordt men niet zoo, op een voorstel als hetgene ik u doe. Gij zijt wel zeker meesteresse over uwe dochter en gij hebt het onbetwistbaar recht, mijne vraag af te wijzen; maar ik bid u, maak mij toch de reden bekend."

„Geene andere dan deze kan ik u geven, mevrouw: het is onmogelijk."

„Het zij zoo; maar waarom?"

„Waarom? Ach, vraag het mij niet!" stotterde de weduwe, schier bezwijkende van angst.

„Ja, ja, mevrouw, wilt gij niet dat ik aan erge beweegredenen geloove, laat mij weten waarom?"

„Ha, daar is mijn vader, hij zal het u zeggen!" riep de weduwe met blijdschap. „Ik laat u met hem, mevrouw; hij alleen heeft het recht, u een beslissend antwoord te geven."

En, gelukkig uit den neteligen toestand verlost te zijn, stapte zij met haast naar de trap.

Toen mijnheer Von Oberheim in de deur verscheen en Hugo's moeder bemerkte, bleef hij verbaasd staan en zijn gelaat drukte angst en spijt uit; maar hij deed zichtbaar geweld op zich zelven, om zijne ontsteltenis te bedwingen en de wet der beleefdheid te kunnen gehoorzamen. Eene koele bedaardheid veinzende, kwam hij vooruit en groette mevrouw Van Giersteen, haar onderwijl in de oogen blikkende, als om haar te vragen wat het doel van haar bezoek mocht zijn.

De barones, die zich ten minste in den beginne op eene weigering verwachtte, besloot met hem recht ter zaak te gaan.

„Mijnheer Von Oberheim," zeide zij, „ik heb de vrijheid genomen, mij ten uwent te begeven om u een gewichtig voorstel te doen. Mijn zoon Hugo is vurig verliefd geworden op uwe kleindochter. Mejuffer Ida bemint hem insgelijks. Zij schijnen voor elkander geboren. Ik kom u de hand van Ida afvragen voor mijnen zoon."

„Onmogelijk, volstrekt onmogelijk," antwoordde de grijsaard met eene vaste stem, die liet raden, dat hij zijne beslissing als onherroepelijk aanzag.

„Ja, ik weet het wel," wedersprak de dame, „mevrouw Von Weiler heeft het mij reeds gezegd; maar ik twijfel niet, of wij zullen het middel vinden om elkander te verstaan. Mijn persoonlijk fortuin is zeer groot en ik hoef op geen geld te zien; daarenboven, is mijn zoon eens getrouwd, dan ben ik gansch alleen. Ik zal hem zooveel tot bruidschat medegeven, dat de somme, gevoegd bij wat hij van zijnen vader-zaliger heeft geërfd, ongeveer een half millioen zal bedragen. Wel zou ik het recht hebben om te hopen, dat de bruidschat van mejuffer Ida in evenredigheid met mijne opoffering weze; maar het geluk der jongelieden ligt mij zoo nauw aan het hart, dat ik met zeer weinig zal tevreden zijn. Bij voorbeeld met honderd duizend franken. Schijnt u dit te veel?"

„Dit kan niet mogelijk maken wat onmogelijk is!"

„Vijftig duizend dan?"

„Nutteloos, mevrouw."

„Zelfs zonder bruidschat?"

„Ja, insgelijks zonder bruidschat. Ik bedank u voor uw aanbod, mevrouw; maar ik zie mij verplicht het af te wijzen."

„En niets hoegenaamd kan uw besluit daarover veranderen?"

„Niets hoegenaamd, mevrouw."

De dame scheen van spijt en ongeduld te sidderen.

„Maar dit is iets onbegrijpelijks!" riep zij. „Kwam ik u eene onteerende misverbintenis voorstellen, gij zoudt mij niet met meer koelheid kunnen onthalen. Schijnt mijn geslacht u niet waardig of edel genoeg, mijnheer? Het strekt zijne wortelen tot in de middeleeuwen uit; het is verbonden met de doorluchtigste Huizen en zijn schild is vlekkeloos."

„Ik twijfel daaraan geenszins, mevrouw. Het doet echter niets ter zake."

„Maar de reden uwer weigering!"

„Laat mij toe, ik bid u, die reden u niet te verklaren."

„Is zij ons persoonlijk?"

„In het geheel niet, mevrouw. Welke moeite gij ook aanwendt, zij moet vruchteloos blijven."

„Ach, mijn arme zoon, hij zal er ziek of zinneloos van worden! Kom, mijnheer, uit medelijden stel uwe eindelijke beslissing nog wat uit, opdat Hugo ten minste uit den twijfel eenigen moed zou kunnen putten!"

„Mijn geweten verbiedt mij, u te bedriegen, mevrouw."

De barones had tranen in de oogen.

„Er is dus geene de minste hoop meer?" zuchtte zij.

„Volstrekt geene," was het ijskoude antwoord.

Zij schudde met bitterheid het hoofd, bedwong haar verdriet en zeide:

„Welaan, mijnheer, het zij zoo: gij moet weten, wat u te doen staat. Het is wel ongelukkig voor die arme jongelieden en misschien even ongelukkig voor u!"

„Voor mij, mevrouw?" vroeg de grijsaard met zekere bekommerdheid.

„Ja, voor u en voor mevrouw Von Weiler. Gij kent mijnen zoon niet, mijnheer; hij is een zonderlinge jongen. Wanneer hij zich eens iets in het hoofd gestoken heeft en hij volgens recht of met edelmoed meent te handelen, deinst hij voor niets achteruit en loopt blindelings tot zijn doel."

„Kinderachtigheden," schertste de grijsaard met eenen grimlach van bedwongene spijt. „Ik ken het zinneloos ontwerp van uwen zoon. Heeft hij niet de onbeschaamdheid gehad, mijnen knecht met geld te willen omkoopen, om hem behulpzaam te zijn tot.... tot de oplichting van Ida! Zou ik voor zulken aanslag kunnen vreezen, mevrouw? Wie meent uw zoon dat Ida is? Zij, toestemmen in zulke schandelijke onbezonnenheid? Men moet uitzinnig zijn om het te durven hopen. Daarenboven, wij zijn verwittigd en onze maatregelen zijn genomen."

„De wanhoop, de ijlhoofdigheid deed hem inderdaad een oogenblik aan zulke gekke onderneming denken; maar nu heeft hij er geheel van afgezien," zeide de barones.

„Dank zij den hemel! Want gij begrijpt, mevrouw, dat indien ik uwen zoon nu binnen de muren van mijn eigendom betrapte, de gramschap en de overtuiging van mijn recht mij tot een schrikkelijk uiterste zouden kunnen drijven. Ha, het doet mij een groot genoegen, te vernemen dat mijnheer Hugo mij het gevaar spaart van zijnen aanslag met geweld te moeten afweren.... van hem te dooden misschien!"

„Ja, maar heer, een ander voor u niet min dreigend opzet houdt hem nu bezig."

„Mag ik het kennen, mevrouw?"

„Het is goed dat gij verwittigd wordt, mijnheer. Misschien kan het u nog van besluit doen veranderen. Weet gij, in welke gedachten mijn zoon verkeert? Hij meent dat gij mejuffer Ida verdrukt en martelt, dat gij haar van de wereld afzondert en haar opgesloten houdt als eene gevangene, om zekere redenen van stoffelijk belang. — Neem het mij niet euvel, heer; ik herhaal u trouwelijk wat hij mij heeft gezegd. — Hij gelooft dat Ida veroordeeld is om van schrik en verdriet te sterven, en hij heeft zich nu in het hoofd gestoken, dat haar te verlossen eene lofbare en edele daad zou zijn. Van alle geweldige poging afziende, wil hij zijne toevlucht nemen tot het Gerecht en u beschuldigen van onwettige opsluiting."

„Maar het is afschuwelijk!" kreet de grijsaard, eensklaps in woede losbarstend. „Het is dus eene ware vervolging? Kunt gij het verdragen, mevrouw, dat uw zoon de onbetamelijkheid tot zooverre drijft? Hij heeft dus alle eergevoel verloren? En gij, gij laat zulks toe!"

Mevrouw Van Giersteen meende nu het middel ontdekt te hebben om tot haar doel te geraken, en zij antwoordde met berekenden nadruk:

„Hij is man, mijnheer, en in vurige harten als het zijne, is de liefde oneindig sterker dan de raad eener moeder. Wij hebben eenen bloedverwant, die rechter is te Gent. Dien zal hij gaan spreken over de zaak, en dan zich begeven tot den Procureur des Konings te Yperen.... Wat ik u zeg, schijnt u te verschrikken, mijnheer? Zeker, het is nooit aangenaam, met het Gerecht in aanraking te moeten komen; maar indien gij u niets te verwijten hebt, wat zoudt gij vreezen?"

„Ik vervul mijnen plicht, als grootvader van Ida, in geweten en met liefde," zeide mijnheer Von Oberheim, die sidderde onder het geweld dat hij deed om zijnen angst te verbergen, „maar meent gij, dat het niet smartelijk is, dus zijnen vrede gestoord te zien door eene hatelijke beschuldiging en misschien door een onderzoek van het Gerecht? O mevrouw, ik smeek u, weerhoud toch uwen zoon: ik zal er u eeuwig dankbaar om zijn!"

„Er is een gemakkelijk middel, mijnheer, om aan die onaangenaamheden te ontsnappen."

„Spreek! dit middel....?"

„Is zeer eenvoudig: in het huwelijk der jongelieden toestemmen."

„Ik herhaal het u, mevrouw: ik zou gelukkig zijn uw voorstel te kunnen aanvaarden; maar het is onmogelijk, volstrekt onmogelijk!"

„Vaarwel dan, mijnheer Von Oberheim," morde de barones met eenen diepen zucht. „Heeft uwe weigering erge gevolgen, beschuldig u zelven; want ik, gij moet het bekennen, heb al gedaan, wat ik kon. Mijn zoon wacht op mijne terugkomst met koortsige hoop. Wat wreeden slag moet ik hem toebrengen!"

Terwijl zij deze woorden sprak verliet zij de zaal en richtte zich, door den grijsaard gevolgd, naar de poort.

Na het wisselen eener stille groetenis sprong zij in hare koets.

Mijnheer Von Oberheim zag het rijtuig achterna, totdat het voorbij den hoek van den muur was verdwenen. Dan vouwde hij de armen op de borst en staarde met strakke oogen ten gronde. Hij mompelde binnensmonds, hij schudde het hoofd, over zijn aangezicht liepen allerlei uitdrukkingen van angst, van droefheid en van toorn.

Maar na eene lange wijl in zijne sombere overweging te zijn bedolven gebleven, hief hij eensklaps het hoofd op en hij poogde opnieuw de volledigste bedaardheid te veinzen.

Binnen de poort tredende, wenkte hij eene meid, die juist naar hem uitkeek, als vermoedde zij dat haar meester haar zou roepen.

„Hedwig," zeide hij met strenge koelheid, „het is dus zoo, dat gij mijne bevelen eerbiedigt? Waarom hebt gij mevrouw Van Giersteen binnengelaten? Ontrouwe dienaars kan ik niet...."

„Maar, mijnheer," antwoordde de meid, „gij bedriegt u. Ik heb gezegd dat er niemand te huis was; dat gij allen naar Brussel waart gereisd; en alhoewel de mevrouw het niet wilde gelooven, zou ik haar toch niet binnengelaten hebben. Het is mejuffer Ida, die haar in de zaal heeft geleid."

„Ida heeft haar binnengeleid? Ah zoo, dit is wat anders," murmelde de grijsaard met eenen glimlach. „Het is wel Hedwig; gij hebt uwen plicht betracht: ik dank u."

Met trage stappen ging hij naar het gebouw. Toen hij zich in de trapzaal alleen bevond, verliet hem weder zijne geveinsde bedaardheid. Hij bleef staan, wrong de armen, knarste de tanden en mompelde met heeschen gorgel:

„Ida? Zou zij eene samenspanning met hem hebben aangegaan? Zij, zoo eenvoudig nog? Het is dus een booze geest die haar inspreekt?.... Hij zal eene klacht indienen, bij den procureur des konings? Er zou een onderzoek kunnen bevolen worden? Ho, slechts een krachtig besluit kan ons dien dreigenden afgrond helpen ontvluchten. Ja, ja, niet geaarzeld!"

Hij liep naar boven, en, zonder zijne dochter den tijd te laten om hem iets aangaande zijn onderhoud met mevrouw Von Giersteen te vragen, zeide hij:

„Maria, vat al uwen moed te zamen: wij moeten België verlaten zonder uitstel!"

„Eilaas, ik die hoopte...."

„Er is geene hoop meer mogelijk, Maria; de minste aarzeling kan noodlottig voor ons worden. Weet gij, wat die uitzinnige Hugo Van Giersteen wil doen? Hij gaat waarlijk eene klacht bij den procureur des konings indienen en mij beschuldigen van onwettige opsluiting. Dat die beschuldiging ongegrond is, verlicht de zaak niet. Het Gerecht zal hier komen, ons ondervragen, ons eene verklaring doen teekenen.... Onze valsche namen, Ida! O, worstel niet tegen mijn besluit: het is onwederroepelijk!"

„Eilaas, weder gaan dolen, verre van de vaderlandsche lucht, die mij had genezen!" zuchtte de weduwe met tranen in de oogen. „Maar in Gods naam, vader, kan het niet anders zijn, ik zal verduldig mij onderwerpen."

„Het is volstrekt noodzakelijk, Maria; anders begint er voor ons eene verwikkeling van akelige omstandigheden, die ons zullen overladen met oneer en schaamte. Morgen vroeg zal ik naar Yperen mij begeven, om daar metterhaast het geld terug te nemen, dat ik den notaris heb toevertrouwd. Bereid gij intusschen alles tot de reis. Wij zullen onze dienstboden laten gelooven, dat wij naar Wiesbaden gaan, om daar eenige weken door te brengen. Johann alleen zal voorloopig op den Ouden Steen blijven."

„In welk land zullen wij eene nieuwe schuilplaats zoeken, vader? In geene heete streek, ik bid u!" smeekte de weduwe. „Ik zou er zeker weder ziek worden."

„Ik weet het niet. Wij zullen er later over beslissen. In alle geval zal het in een land zijn, waarvan Ida de taal niet kent, verre van alle menschen. Onze vijand, onze immer dreigende vijand is nu de liefde, Maria, gij ziet het wel.... Ik zou Ida strengelijk moeten bestraffen, omdat zij mevrouw Van Giersteen heeft binnengelaten...."

„Ach, zij wist niet dat gij het hadt verboden, vader."

„Het is mogelijk; in alle geval, ons vertrek zal dit kwaad in den wortel afsnijden; maar wat ik u nu verzoek, en des noods beveel, Maria, is dat gij van dit oogenblik af uwe dochter op hare kamer doet blijven, en telkens als gij beneden gaat, den sleutel met u neemt.... Laat u dit niet bedroeven, Maria; het is noodig: wij hebben alles van Hugo te vreezen. Hij is vermetel, en de getergde liefde kan hem tot de meest onvoorziene dwaasheden drijven. Ida mag hem niet meer zien. De minste onvoorzichtigheid zou onze vlucht onmogelijk maken, en dan, eilaas.... Mijn God! wat is dit nu weder? Daar komt iemand naar boven!"

En met angst op het gelaat, staarde hij naar de deur, waarop men zachtjes klopte.

Mijnheer Von Oberheim zelf ging openen.

„Wat is er, Hedwig?" vroeg hij.

„Mijnheer," antwoordde de meid, „Johann zendt mij, om u te zeggen dat hij u bidt, onmiddellijk beneden te komen."

En met bedwongene stem voegde zij er bij:

„Johann heeft iets in het park gevonden, iets zonderlings, dat hij u wil toonen. Hij is in de kleine spreekkamer."

De grijsaard daalde de trappen af en trad in het aangewezen vertrek.

„Gij hebt iets gevonden, Johann?" vroeg hij.

„Ja, mijnheer, achter in het park, niet verre van de groene rustbank. Men moet het gedurende den nacht over den muur geworpen hebben; want er was een steen aan vastgehecht, en men kan zien dat het in den regen heeft gelegen. Daar is het, heer: een briefje."

En hij reikte zijnen meester een vierkant bladje papier toe.

„Hebt gij het gelezen?" vroeg mijnheer Von Oberheim, zeer bekommerd.

„Ja, heer; maar ik begrijp er niets van.... of

het zou moeten komen van den jonker, die mij heeft willen verleiden."

„Het is wel, Johann; ik dank u voor uwe trouw. Keer nu terug in het park en waak met zorg."

De knecht verliet de kamer.

Dan bracht de grijsaard het papier onder zijne oogen en las zeer langzaam:

„Uwe banden gaan vallen, alles is gereed. Waar gij mij ook onverwachts ziet verschijnen, wees niet vervaard. Lever u over aan mij met betrouwen. Mijn eerbied is even groot als mijne liefde. Wees blijde, morgen zijt gij vrij!"

Eene wijl bleef mijnheer Von Oberheim dit zonderling schrift bestaren.

„Uwe banden gaan vallen.... morgen zijt gij vrij!" mompelde hij verschrikt. „O, mijn God, wat nieuw en onbekend gevaar bedreigt ons? Het is om er zinneloos van te worden!"

En met langzamen tred en het hoofd droevig schuddende, beklom hij weder de trappen.

VI.

Het had in den vooravond geregend en eenige verre bliksemwalmen hadden zich op den horizont vertoond. Nu het bijna middernacht was, bleef de lucht beladen met eene soort van vochtigen mist, die het gestarnte verborg en de aarde in diepe duisternis hield gedompeld.

Men kon niets duidelijk voor zijne oogen onderscheiden; zelfs de Oude Steen, met zijnen dikken toren en zijne reusachtige boomen, zonderde zich slechts als een zwart wolkgebergte van den donderen hemel af.

Alles was doodstil; geen windje bewoog het loover. Alleen de treurige schreeuw van den nachtuil kwam nu en dan getuigen, dat ook te midden dezer ontzagwekkende rust nog wezens waakten en zwoegden, om de zending te vervullen, hun door God in de natuur opgelegd.

Eene heerenkoets reed op dit oogenblik door eenen aardeweg, niet verre van den Ouden Steen. De voerder, als vreesde hij het minste gerucht te maken, hield zijne ongeduldige paarden in en dwong hen, slechts op zeer tragen stap voort te gaan.

Hij bleef staan bij eenen kruisweg, daalde van den bok, opende de koets en ontvouwde de trede.

Een persoon sprong op de baan, keek in het ronde en poogde door de duisternis de plaats te herkennen.

Met zeer stille stem zeide hij:

„Wij zijn inderdaad bij den Waalschen Kruisweg...... Is het wel zeker, Andries, dat mijne moeder niets heeft gehoord?"

„Geheel zeker, heer baron," antwoordde de koetsier, even fluisterende. „Ik had de staldeur en het hek met inzicht opengelaten. Zoohaast het halftwaalf kon zijn, heb ik zelf, zoo stil mogelijk, de koets tot op de baan getrokken, en dan de paarden een voor een door de bloemperken naar buiten gebracht. Niemand heeft iets gehoord."

„Het is wel, Andries. Ik zal niet ondankbaar zijn; en, geluk ik in mijne onderneming, gij zult uw gansch leven mijne mildheid u herinneren."

„En mevrouw de barones zal niet op mij verstoord zijn?"

„Ik blijf borg voor alles..... Nu keert gij de paarden om, en wacht op mijne terugkomst. Laat de koets open en de trede neer. Gij moet u gereed houden om te vluchten als de wind. De paarden zijn moedige dieren: zij vragen niet beter. Bereken op voorhand uwe baan...."

„Onnoodig, heer baron, ik ken de wegenissen sedert mijne jonkheid."

„En bovenal eerbied en beleefdheid, zooals ik u heb gezegd?"

„Evenals ware het mevrouw uwe moeder zelve, heer baron."

„Welnu, houd de paarden rustig, en wacht!"

Met deze woorden sprong de heer uit de baan in eenen veldweg en liep door de duisternis; maar na eene wijl vertraagde hij zijnen stap en bleef nu en dan zelfs staan, als twijfelde hij, of hij wel de goede richting volgde.

Hij blies door de lippen en bracht een geluid voort, dat men voor de stem van eenen vogel hadde kunnen nemen.

Een oogenblik daarna stond nevens hem eene mannenschaduw, die fluisterend hem vroeg:

„Zijt gij het, mijnheer Hugo?"

„Ik ben het, Jakob," was het antwoord. „Welnu, is alles klaar?"

„Ginder, tusschen het kreupelhout, liggen de twee ladders en de plank."

„Kom, gaan wij tot daar; wij mogen niet te veel tijd verliezen."

Onderweg zeide Jakob:

„Mijnheer, ik heb, daar in de duisternis, staan denken dat ik eene groote dwaasheid doe met u tot zulke onderneming te helpen. Was het nog te beginnen, ik deed het niet meer."

„Is de belooning, welke ik u heb beloofd, niet groot genoeg? Indien ik geluk, zal ik ze verdubbelen!"

„Neen, mijnheer, dat is het niet. Het gevaar! Zoo, te midden van den nacht, eene juffrouw oplichten!"

„Maar indien de juffrouw er in toestemt? Indien die poging slechts voor doel heeft, haar uit de handen van eenen zielloozen dwingeland te verlossen, haar te redden van den kwijndood? Kom, Jakob, het zijn uwe eigene woorden, die mij tot deze onderneming aandreven en nu zoudt gij aarzelen?"

„Ik ben getrouwd, ik heb kinderen. Die mijnheer Von Oberheim is een wreede man. Hij of zijne dienstboden zouden op ons kunnen schieten, ... en daarbij de wet, het Gerecht! Ware ik in uwe plaats, mijnheer Hugo, ik liet de zaak steken en keerde naar huis."

Voor een jachtbewaker toont gij weinig stoutheid," morde Hugo met beklemde spijt. „Ik van mijne poging afzien? Omdat er eenig gevaar in bestaat? Dit kan mij niet weerhouden. Ik zal juffrouw Ida verlossen, zeg ik u, dezen nacht! En al stond de dood zelf voor mijne oogen, ik deinsde geenen enkelen stap terug!... Niet langer geaarzeld. Waar zijn de ladders?"

De jachtbewaker bracht hem eenige stappen verre tusschen het kaphout, en zeide:

„Daar liggen ze, mijnheer."

„Ik zal eene der ladders dragen," fluisterde Hugo, „gij, neem de andere en de plank."

„Zie, mijnheer, gij moogt mij zeggen en mij beloven al wat gij wilt," mompelde Jakob, „maar dat ik u niet over den muur van den Ouden Steen zal volgen, dit heb ik onherroepelijk besloten. Ik wil niet als nachtdief binnen eens andermans eigendom dringen."

Er heerschte eene korte stilte.

„Het zij zoo, gij hoeft mij niet te volgen," kreeg hij tot antwoord. „Draag de ladder en de plank tot bij de gracht, en blijf verder in de nabijheid wachten. Het overige zal ik wel alleen gedaan krijgen...."

„En indien men op u schiet, mijnheer?"

„Daar wil ik niet aan denken."

„Maar indien men u wondt of u doodschiet?"

„Welnu, dan zult gij de tijding dragen aan den koetsier, die bij den Waalschen Kruisweg staat..... Kom nu voort en maak geen gerucht."

Zij begaven zich omzichtig en met tragen stap naar den Ouden Steen. Hugo, die vooruitging, richtte zich naar zekeren kant van den muur en bleef daar staan, terwijl hij zeer stil zeide:

„Leg nu uwe ladder over de gracht en de plank er op. Voorzichtig, geen gerucht!..... zoo, nu is het wel; gij moogt weggaan. Verberg u op korten afstand van hier, en wacht."

Jakob liet het zich geen tweemaal zeggen; zonder eenige bemerking te maken, deinsde hij achteruit en verdween in de duisternis.

Dewijl eene der ladders zeer licht was, had Hugo geene moeite om deze over de gracht te dragen en ze tegen den muur op te richten. Hij klom tot boven den muur, ging schrijlings op de kruin zitten, trok de ladder er over en daalde dus in den moestuin van den Ouden Steen.

Een plotselijk gerucht trof zijne ooren en hij bleef met angstige verrassing staan. Indien er nachtwakers in den hof waren gesteld? Aan het gevaar dat hij zelf liep, dacht hij niet eens; maar dan zou zijne onderneming kunnen mislukken; de arme Ida zou gevangen blijven..... En welke andere poging kon hij tot hare verlossing beproeven?

Ha, hij hoorde wat het was: een paard dat in den stal met de voeten trappelde!

De ladder op den schouder nemende, sloop hij omzichtig voort naar het gebouw; en toen hij meende, het op een twintigtal stappen te zijn genaderd, legde hij de ladder ten gronde en bukte zich en kroop, om zoo te zeggen, tot aan den voet van den toren.

Dan, met de handen langs den muur, week hij zijdelings af, totdat hij op eene zekere plaats bleef staan.

In de hoogte blikkende, poogde hij door de duisternis een venster te herkennen, en mompelde eindelijk in zich zelven:

„Ja, daar is het, ik ben er zeker van: het derde venster, rechts van den toren, op het eerste verdiep. Alles slaapt, de nacht is pikdonker. O, God, gij die weet hoe zuiver mijn inzicht is, laat mij gelukken!"

Hij ging de ladder halen en richtte ze op tegen den muur van het gebouw. Nu het plechtig oogenblik naderde, klopte zijn hart geweldig, en toen hij reeds eenige sporten der ladder had beklommen, hield hij stil om zijne ontroering te bedwingen en zijnen moed te verzamelen.

Hij moest Ida wekken. Had zij het briefje gevonden, dat hij over den muur geworpen had? Zou zijne verschijning haar niet doen schrikken? En indien zij eenen kreet slaakte?.... Was het wel zeker, dat zij zou toestemmen hem te volgen?

Al deze overwegingen vlogen met bliksemsnelheid door zijnen geest en ontrukten hem een zucht van angstigen twijfel; maar nu was het geen tijd meer om te denken. Hij schudde het hoofd, als om deze kommervolle gepeinzen te verjagen, en klom op de ladder totdat hij de hand op eenen steenen dorpel kon liggen.

Hij voelde dat het venster gansch open stond. De lucht was ook zoo smachtend heet en de arme jonkvrouw moest in den dag immer de luiken van haar venster gesloten houden.

Hem scheen het dat hij in het diepe der kamer eene groote witte vlek bespeurde: ongetwijfeld de gordijnen eener bedstede.

De kracht zijner stem berekenende, opdat zij de witte vlek konde bereiken zonder verder te gaan, fluisterde hij:

„Ida, Ida, ontwaak! Ik ben het, uw verlosser, uw vriend. Heb geene vrees!"

Hij hoorde een zacht gerucht, als van eene bedstede die kraakt. In de meening dat de jonkvrouw hem had gehoord en nu ging opstaan, zeide hij op blijden toon:

„Kleed u in allerhaast tot eene verre reis. Neem eenen mantel, tegen de morgenkoude. O, God, weze gezegend; nog eenige minuten en gij zijt vrij!"

T.

Eensklaps vlamde er een licht op en eene heldere klaarte vervulde de kamer. Een kreet van wanhoop en vervaardheid ontsnapte den jongeling: daar stond mijnheer Von Oberheim, half gekleed, bij het bed met eene ontstokene lamp in de hand!

Hugo had plotselijk zijn hoofd teruggetrokken, en in de hoop dat de grijsaard hem niet had bemerkt, meende hij, zonder ander gerucht te maken, van de ladder te dalen; maar nu bonsde een donderende pistoolknal door de lucht, en de jongeling viel van boven neder op den gekalsijden voėtweg. Een eenige scheurende noodkreet, dien hij bij zijnen val liet hooren, kon doen vermoeden dat hij doodelijk was gewond.

De knal van het vuurwapen, zoo ontploffend in den grafstillen nacht, had niet alleen den Ouden Steen tot in zijne grondvesten doen trillen, maar zijne herhaalde galmen hadden als een donder door de hooge boomen gerold. Dit ware reeds genoeg geweest om al de bewoners van het kasteel van vervaardheid te doen opspringen, had niet mijnheer Von Oberheim zelf met erkennelijken angst op zijne dienstboden om hulp geroepen.

Ook stonden, een minuut later, de twee knechts met lantaarns ter plaatse waar Hugo Van Giersteen was gevallen. De jongeling lag op de zijde uitgestrekt; er vloeide bloed over zijn aangezicht; hij scheen aan het voorhoofd gewond.

„O, mijn God, wat ben ik ongelukkig!" zuchtte mijnheer Von Oberheim. „Kom, Johann, help mij hem voorzichtig oplichten; wij zullen hem in de voorkamer dragen."

„Gij, Hedwig" zeide hij tot de meid, die nu kwam toegeloopen, „haast u naar boven; haal een matras en een kussen!"

„Mijnheer, ik geloof dat hij dood is," mompelde Johann, terwijl hij de armen onder de schouders van den gekwetste stak. „De kogel is hem door het hoofd gegaan!"

„Er was geen kogel op de pistool," zeide de grijsaard. „Ik schoot in de lucht, om de dieven te verschrikken."

„Dieven, mijnheer?"

„Ik meende het zoo. Ha, de hemel zij dank, hij verroert de armen! Voorzichtig, doe hem niet zeer, de arme jongeling!"

„Arme jongeling?" morde de knecht. „Hij heeft niet meer dan hij verdient, mijnheer. Zoo, in den nacht, over den muur, met eene ladder"....

„Zwijg, Johann, en doe uw werk zonder spreken!"

Zij droegen den gekwetste in eene benedenkamer, waar reeds eene groote lamp brandde, en legden hem daar op eene matras, welke de meid er had geschikt.

Mijnheer Von Oberheim knielde neder nevens het legerbed; en toen men hem had gebracht wat hij verlangde, begon hij zelf het hoofd des jongelings en diens wonde te wasschen, met zooveel bezorgdheid en medelijden als ware het zijn eigen zoon geweest. Dit verwonderde de dienstboden ten hoogste; want zij, die hunnen meester meenden te kennen, verwachtten zich aan hevige gramschap van zijnentwege.

Onder de liefderijke verpleging scheen Hugo allengs tot bewustheid terug te keeren. Hij opende de oogen en zag den grijsaard eerst met verbaasdheid aan; doch herinnerde zich waarschijnlijk even ras wat er was geschied; want hij stamelde met flauwe stem, als was het spreken hun zeer moeilijk:

„Gij hebt overwonnen.... dit maal.... maar zoolang ik leef....”

„Gevoelt gij eene hevige pijn, daar aan uw hoofd?” vroeg de grijsaard, die bleek als een linnen en van angst bevend hem aanschouwde.

„Pijn?” herhaalde Hugo, terwijl hij de beide hande zich op de borst en aan de zijden bracht. „Ay mij! Daar.... gevallen, op de steenen....”

En zijne stem verstierf en zijn hoofd viel neder,

als had de poging om te kunnen antwoorden zijne krachten uitgeput.

„O, mijn God, wees ons barmhartig!" smeekte mijnheer Von Oberheim met de oogen ten hemel. „Dat hij leve door uwe genade!"

En zich tot eenen zijner knechts wendende, bevool hij:

„Peter, haastig, span het paard in de tilbury, rijd naar het dorp om den dokter; doe hem komen zonder uitstel!"

Bij het uitgaan liep de knecht bijna mevrouw Von Weiler omverre, die verschrikt hem vroeg wat het pistoolschot en al dit gerucht beteekende; maar toen zij, in de kamer tredende, mijnheer Van Giersteen met bebloed voorhoofd op eene matras zag liggen, begon zij in al hare leden te beven, daar dit gezicht haar de akelige gebeurtenis geheel verklaarde.

„Vader, eilaas, wat vervaarlijke ramp!" zuchtte zij. „Wie heeft op hem geschoten? Aan het hoofd, o hemel! is hij dood?"

De grijsaard kwam tot haar en zeide aan haar oor:

„Zwijg, zwijg, Maria. Bedwing uwe ontsteltenis met geweld; de dienstboden luisteren. Neen, de arme jongeling is niet dood; hopen wij dat hij zal genezen.... Maar welke ijselijke verwikkeling in alle geval! Gansch de wereld gaat met ons bemoeid zijn. Ach, waren wij duizend uren van hier! Evenwel, nu moed getoond: geene nuttelooze klachten, bovenal geene ijdele tranen."

En een oogenblik daarna vroeg hij met nog stillere stem:

„Maria, hebt gij er wel aan gedacht? Indien Ida ging beneden komen!"

„Ik ben gaan zien; zij slaapt," was het antwoord. „Hare kamer is verre afgelegen; zij heeft waarschijnlijk niets gehoord.... Zie, vader, hoe mijnheer Hugo zich verroert en zijne leden wringt! Ho, ik bezwijk bijna van schrik. Indien hij eens moest sterven!"

„Neen, hij is gevallen op de steenen; het is de pijn, de hevige pijn. Ik insgelijks, Maria, ik kan nauwlijks mij recht houden en het hart verkrampt mij van angst in den boezem; maar ik zal den strijd tegen het onmeedoogend noodlot volhouden tot het einde...."

De jongeling lag op de zijde en scheen geheel buiten bewustheid. Hadde hij niet zichtbaar geademd, men zou gemeend hebben dat het leven hem had verlaten.

Gedurende langen tijd staarden al de aanwezigen in stillen angst op hem.

Eensklaps verroerde zich de gekwetste en zonder de oogen te openen, mompelde hij droomend, met eene zeer zwakke stem, die slechts nu en dan verstaanbaar werd:

„Ida, Ida, hij wil u doodmartelen.... om geld.... wist gij, hoe ik u bemin!.... u verlossen, gelukkig maken.... mijne vrouw worden.... of de dood, moest..... in het graf zelf zou uw beeld..... alles mag hij behouden..... geld genoeg..... onze moeders als zusters..... wij kinderen..... God ons genadig..... Ida, Ida-lief, gij zijt vrij!"

Mevrouw Von Weiler kon hare ontsteltenis en haar medelijden niet meer bedwingen. Het roerde haar te diep, aldus de edelmoedige inzichten des jongelings in zijne ijlhoofdigheid te verrassen. Zij sloeg met eenen gil de handen voor het aangezicht en verborg de tranen, die harer oogen ontsprongen.

„Blijf u zelve meester, Maria," gromde haar vader aan haar oor. „De dienstboden weten nu, waarom mijnheer Van Giersteen over den muur is geklommen; er is niets aan te doen, maar wees voorzichtig: een enkel woord kan noodlottig worden."

Gedurende langen tijd heerschte er eene doodsche stilte in de kamer. De toestand des jongelings scheen immer even gevaarlijk en dreigend: zijne oogen waren gesloten; hij ademde hijgend en bewoog nu en dan de leden krampachtig.

„O, kwam de dokter nu maar spoedig!” zuchtte eindelijk de weduwe.

„Hij kan nog niet hier zijn, Maria,” kreeg zij tot antwoord. „Een beetje geduld nog..... Hoor ik niet een rijtuig naderen? Wie weet? misschien is het de dokter! Johann, ga haastig, open de poort!”

Allen hielden den blik naar de deur gericht, in de afwachting dat de geneesheer ging verschijnen; maar daar hoorden zij eensklaps een luid gekerm en weergalmende noodkreten op den voorhof.

„Het is mevrouw Van Giersteen,” zeide Johann.

„Hemel, zijne moeder!” zuchtte de grijsaard verschrikt.

Maar onmiddellijk sprong de barones Van Giersteen in de kamer, met de uiterste verdwaaldheid roepende:

„Mijn zoon, mijn arme zoon! waar is hij? Wat hebt gij hem gedaan?.... God, God, zij hebben hem vermoord!”

En zij liep naar de legerstede, waarop zij meende het lijk van Hugo te zien; maar de krachten begaven haar onderweg, en zij viel bezwijmend in de armen van mijnheer Von Oberheim, die haar op eenen zetel liet nederzakken.

Hare stem moest tot in het hart des jongelings

herklonken hebben; want hij had de oogen geopend en murmelde nu:

„Moeder, moederlief, waar zijt gij? Kom, kom!"

Intusschen was men bezig het aangezicht en de handen van mevrouw Van Giersteen met koud water te besprengen. Zij kwam schier onmiddellijk tot bewustheid; en toen zij bemerkte, wie het was die haar verpleegde, stiet zij met afschuw zijne hand terug en morde:

„Weg van mij! weg, moordenaar van mijn kind!"

„Gij misgrijpt u, mevrouw," zeide de grijsaard, dien de ontsteltenis en de angst schier beletteden te spreken, „uw zoón zal genezen. Hoor, hij roept u."

„Hij roept mij? Is het mogelijk! Ja ja, hij leeft. God zij gezegend! Hugo, mijn Hugo!"

Reeds lag zij op de knieën nevens het bed en zoende met uitgelatenheid haren zoon en bevochtigde zijne wangen met hare tranen, zonder zich te laten weerhouden door het gezicht der bebloede doeken op zijn voorhoofd.

„Moeder, geen verdriet," stamelde de jongeling, haar met de hand pogende te streelen, „genezen, ik zal genezen.... maar Ida.... hij zal je daarom martelen.... bescherm gij haar, moeder. Het arme lam.... mijn vrouw of sterven!"

„Ach, mijn arme zoon," kermde de barones, „dit

is nu het loon uwer edelmoedige liefde. Daar ligt gij, misschien in strijd tegen den dood! En ik, uwe ongelukkige moeder, wat zou mij overblijven op aarde?.... Gij, Hugo, gij, de goedheid zelf, gij zoudt het slachtoffer worden der hebzucht, der wreedheid van....? O, ik zal u wreken!"

En onder den slag van zulk gepeins, keerde zij zich naar mijnheer Von Oberheim. Met dreigende hand en eene stem, die van toorn sidderde, riep zij uit:

„Ha, onmensch die gij zijt, gij hebt op hem geschoten! op hem, wiens hart slechts klopte voor al wat goed en edel is! Maar er zijn wetten in ons land. Zoo zal het niet eindigen; gij zult weten wat het is, eene moeder doodelijk in haar kind te treffen. Al moest mijn gansch fortuin er toe opgeofferd worden, recht zal ik bekomen tegen u. In de gevangenis, op het schavot zult gij boeten voor uwe snoode misdaad!"

De grijsaard en de weduwe hadden moeite gedaan om de dwalende dame te bedaren; maar, door hare smart weggevoerd, had zij naar niets geluisterd.

Slechts de stem van haren zoon, die haar nu weder scheen te roepen, bracht haar tot zwijgen. Zij boog zich opnieuw over hem en, hem zoenende, poogde zij hem de overtuiging in te drukken, dat zij hem onmeedoogend op zijnen vijand zou wreken.

Dan naderde haar mijnheer Von Oberheim en zeide bedaard en schier smeekende:

„Mevrouw Van Giersteen, ik zou uwe bittere woorden als honend mogen aanzien; maar ik begrijp, hoe het gezicht van uwen armen zoon u de zinnen moet ontstellen. Ik bid u, hoor mij toch een oogenblik aan. Gij bedriegt u. Er is wel een pistoolschot gelost, doch er was geen kogel op het wapen. Mijnheer Hugo is van eene ladder neergestort en heeft zich door het vallen op de steenen bezeerd. Ik koester de vaste hoop dat dit beklaaglijk ongeluk geene erge gevolgen zal hebben. In alle geval, mevrouw, wat schuld heb ik er aan? Ik hoor in het midden van den nacht stemmen aan het venster mijner slaapkamer, en zie in de duisternis eene menschenschaduw verdwijnen. Om de dieven — zooals ik meende — te doen vluchten, los ik een pistoolschot in de lucht; uw zoon stort van de ladder. Het is een ongeval dat mij diep, zeer diep smart; maar kunt gij mij er van beschuldigen?"

„Ja, schik de zaak naar u belang. De wet zal tusschen ons beslissen," mompelde de barones.

Hugo deed geweld om het hoofd op te lichten, en zeide met klare stem:

„Moeder, wees niet zoo gram. Het is waar, ik ben gevallen. Geen kogel...."

„Gij hoort het wel, mevrouw?" bemerkte mijnheer Von Oberheim.

„Het is gelijk; zoo handelt men niet!" was het bitsig antwoord. „Omdat een jongeling een meisje bemint, haar wil verlossen uit uwe wreede dwingelandij, haar echtgenoot wil worden, en zelfs, door liefde gedreven, zijn leven in gevaar brengt, zoudt gij hem mogen dooden? Neen, neen, voor het gerechtshof zullen wij verschijnen, mijnheer, en daar zal men zien wie er schuldig is!"

„Het zij dan zoo, mevrouw!" zuchtte de grijsaard met de tranen in de oogen, „maar ik hoop dat gij, voor de eer van onze beider huisgezinnen, tot betere gedachten zult komen."

Mevrouw Von Weiler naderde Hugo's moeder, greep haar de hand en poogde met zoete woorden haar te troosten en tot bedaren te brengen; maar de barones scheen zeer onwillig, en eensklaps opstaande, morde zij:

„Mijn zoon kan hier niet blijven. Men drage hem in mijn rijtuig!"

„Maar, mevrouw, dit is onmogelijk," zeide mijnheer Von Oberheim. „Zulke onvoorzichtigheid zou hem zeer nadeelig kunnen zijn. Er is een mijner bedienden naar het dorp gereden om den dokter te halen. Hij kan alle oogenblikken hier zijn. Wacht ten minste totdat hij kome. De dokter zal oordeelen, of het mogelijk is mijnheer Hugo te vervoeren. Ik smeek u, heb tot dan geduld!"

De barones erkende waarschijnlijk de gegrondheid van zijnen raad, want zij trok eenen stoel bij, en de hand van haren zoon vattende, zeide zij hem:

„Ja, Hugo-lief, heb nog wat geduld: de dokter gaat komen. Arm kind, waar lijdt gij?"

„Veel pijn, overal pijn, moeder," antwoordde hij, „maar ik zal genezen, ik gevoel het wel, het hart is goed."

„Ha, mocht het zoo geschieden, hoe dankbaar zou ik God zegenen! Want ziet gij, Hugo, uwe moeder ...."

Zij werd onderbroken door een luid gekerm; en vooraleer zij kon weten wat het beduidde, lag Ida geknield bij het bed.

„Hugo, ach, gij arme Hugo!" gilde het verschrikte meisje, „wat hebt gij? Wie heeft het gedaan? Hij, nietwaar? mijn grootvader? Omdat gij mij bemint? Eilaas, eilaas, laat mij sterven, zoo, aan uwe zijde, met u! In den hemel toch word ik uwe bruid!"

„Ida, welbeminde," murmelde de jongeling, „mijne bruid in den hemel niet: op aarde, op aarde!"

De dienstboden, door dit schouwspel diep ontroerd, begonnen van medelijden te snikken; tranen ontvielen aller oogen.

Mijnheer Von Oberheim was met angst toegeloopen, had het meisje bij den arm gegrepen en wilde haar nu met geweld van het bed wegrukken, terwijl hij dreigend riep:

„Zinnelooze! Wie gaf u oorlof om beneden te komen? Haastig, terug naar uwe kamer. Weersta mij niet, of ik sleur u met geweld naar boven! Geen woord meer. Kom, kom!"

Maar Ida ontsnapte zijner handen en vloog mevrouw Van Giersteen kermend aan den hals.

„Gij, zijne moeder, zijne goede moeder," gilde zij, „o bescherm mij! Ik wil hier blijven, hem helpen, hem troosten tot zijnen laatsten snik, en dan, dan bezwijken en hem volgen. Neen, ik verlaat hem niet meer, neen, zelfs in het graf niet!"

„Moeder, moeder, verdedig haar: zij is uw kind, mijne bruid!" riep Hugo met opgeheven handen.

Inderdaad, de barones wilde door eenige strenge verwijten den grijsaard terughouden; maar hij, ten einde van geduld, antwoordde met bitsigheid:

„Mevrouw, ik ben meester in mijn huis en ik weet wat ik te doen heb. Het gevoel der eer zou u moeten doen begrijpen, dat de tegenwoordigheid van jonkvrouw Ida hier zeer onbetamelijk is.... Ida, nog eens, wilt gij mij gehoorzamen of niet?"

Hij stuurde eenen bliksemenden wenk in de oogen van mevrouw Von Weiler, die bevend kwam toegeloopen en hare dochter eerst met zoete woorden, dan met geweld poogde te verwijderen; maar dewijl het dwalende meisje haar weerstand bood, vatte de grijsaard haar bij den schouder, en zoo rukten zij beiden haar voort naar de deur, ondanks haar noodgeroep.

Hugo wrong zijne leden krampachtig en scheen te willen opstaan; maar hij viel neder en riep:

„Heb moed, Ida. De liefde is machtiger.... Blijf hopen.... toch word ik uw bruidegom!"

De dienstboden weenden niet meer: de verschriktheid had de bron hunner tranen opgedroogd. Zij hadden bleek en bevend op het akelige schouwspel gestaard; nu luisterden zij, stom van angst en deernis, op het gekerm der jonkvrouw, dat hoorbaar de trappen opklom en allengs meer en meer verzwakte.

Eensklaps weergalmde het poortklokje met zulke kracht, dat allen verrast opsprongen.

„God zij geloofd! Ik ga openen; het is de dokter!" riep Johann.

Inderdaad, eenige oogenblikken daarna trad Peter binnen, en hem volgde een zeer bejaarde man, die men zichtbaar van zijn bed had gehaald; want zijn haar was nog verward en zijn halsdoek hing ontknoopt hem op de borst.

Hij naderde den gekwetste, en wilde zich door de dienstboden doen uitleggen hoe de zaak was voorgevallen; maar nu kwam juist mijnheer Von Oberheim terug in de kamer, en deze gaf hem in korte woorden de verlangde inlichtingen.

Dan, na den pols van den lijder te hebben gevoeld, nam de dokter den bebloeden doek van zijn hoofd, onderzocht zijne wonde en betastte zijn gansch lichaam.

Dit onderzoek duurde zeer lang, en hoe Hugo's moeder hem ongeduldig ondervroeg, hij deed telkens een teeken met de hand om haar tot geduld aan te manen.

Eindelijk morde hij op bevelenden toon:

„Stil, mevrouw, laat mij begaan!"

En over den gekwetste buigende, zeide hij:

„Gij zijt gevallen, eerst met het hoofd tegen de ladder, dan met de rechterzijde op den grond. Haal den adem eens in.... Sterker nog! Dit gaat tamelijk wel. Waar gevoelt gij nu de meeste pijn? In de borst, van binnen?"

„Neen, in de zijde, aan den rug, overal van buiten," antwoordde de jongeling.

De dokter maakte zijne kleederen los en bevond, dat op een groot gedeelte van zijnen rug, langs den rechterkant, het vleesch der spieren was gepletterd of gekneusd; en dewijl hij na onderzoek erkende, dat de ribben en andere beenderen ongeschonden waren, meende hij daaruit een gunstig oordeel te mogen opmaken.

Zich keerende naar de barones, die, bleek van angst en ongeduld, zijne gebaren en de bewegingen zijner wezenstrekken volgde, zeide hij:

„Nu, mevrouw, ben ik gereed u te antwoorden."

„Zeg mij toch, om Godswil, dokter, wat mag ik hopen, wat moet ik vreezen?"

„Ik denk, mevrouw, dat er geen teeder lichaamsdeel genoeg beschadigd is, om het leven van uwen zoon in gevaar te brengen."

„Hij zal dus genezen? O, dank, dank!"

„Wij mogen het hopen, mevrouw. De wonde aan zijn hoofd is oppervlakkig; zij beduidt weinig: eene diepe schram in het vleesch. Wat zijn toestand zou kunnen verergeren, ja, gevaarlijk maken, is de koorts, de hersenkoorts, welke uit de hevige pijnen zou kunnen ontstaan; maar voor het oogenblik zie ik nog niet, dat zulke droeve verwikkeling ons bedreigt. Nu behoeft de zieke niets anders dan rust en koeldranken. Men opene tevens een venster en geve hem lucht: het is hier te stikkend."

Er werd, aangaande dit laatste punt, ònmiddellijk aan zijnen raad voldaan.

„Maar, heer dokter," zeide de barones, „mijn

zoon kan hier niet blijven liggen; hier, in het huis waar men hem zoo wreed heeft mishandeld, waar iemand woont die zijn vijand is."

„Wat wilt gij zeggen, mevrouw?"

„Ach, is er geene mogelijkheid om hem naar mijn landgoed te doen overbrengen? Daar zou hij omringd zijn met zorgen; hij zou kunnen rusten. Hier, in tegenwoordigheid van lieden die hem haten, zal zijn geest immer ontsteld blijven."

De dokter schudde het hoofd in twijfel.

„O, ik smeek u, mijnheer, bestaat er de minste mogelijkheid, gun mij uwe toestemming! Ik zal u eeuwig dankbaar zijn. Begrijpt gij niet, dat eene moeder zoo niet leven kan onder de oogen van hen, die op haar kind hebben geschoten en het bijna hebben vermoord?"

„Den gekwetste vervoeren?" mompelde de dokter. „Het is niet volstrekt onmogelijk, mevrouw."

„Ha, de hemel zij dank!"

„Maar men zou eene draagbaar moeten hebben; hem er op leggen met het bed, hem licht dekken, en hem dragen, langzaam en voorzichtig, opdat het vervoer hem geene pijn veroorzake."

„Gij zult medegaan, nietwaar, dokter? Vraag mij al wat gij wilt."

„Waar een zieke gaat, daar volgt de dokter

van zelf, mevrouw. Wees niet ongeduldig; ik zal de noodige bevelen geven om de draagbaar gereed te doen maken. Blijf intusschen gerust, mevrouw."

Mijnheer Von Oberheim had tot dan op een paar stappen gestaan en alles met angstigen blik doch zwijgend nagekeken en afgeluisterd. Nu naderde hij de barones en zeide haar:

„Mevrouw Van Giersteen, terwijl men zich bezighoudt met de noodige schikkingen tot het vervoer van uwen zoon, zou ik gaarne een kort onderhoud met u hebben. Ik bid u, weiger mij niet!"

Er lichtte een straal van blijdschap in de oogen der barones. Zij hoopte misschien, dat zij tusschen al hare smart nog eene blijde tijding ging vernemen.

„Welnu, mijnheer, ik ben bereid tot dit onderhoud," antwoordde zij.

„Het is nutteloos dat mijne dienstboden ons hooren, mevrouw. Gelief mij in de kamer hiernevens te volgen. Er is licht; wij kunnen er in vrijheid spreken."

Toen beiden in het aangewezen vertrek gekomen waren, sloot mijnheer Von Oberheim de deur en zeide:

„Mevrouw, gij hebt het voornemen uitgedrukt,

mij voor het gerechtshof te betrekken. Gij zult toch geen gevolg aan dit opzet geven, hoop ik?"

„Waarom niet?"

„Overweeg toch de zaak met eenige bedaardheid. Indien men des nachts binnen uw eigendom drong en met ladders uw huis beklom, zoudt gij niet, met veel meer recht, den pleger zulker vermetele daad bij het gerecht aanklagen? Maar ik, mevrouw, voed geenen haat tegen uwen zoon. Integendeel, ik betreur zijn ongeval, en ik dank den Hemel dat wij ons van zijne genezing mogen verzekerd achten. Wat mij aandrijft om u te smeeken, uw voornemen te laten varen, is een gevoel van eer dat in het hart van alle edellieden leeft. Wat kan er nu voor ons uit zulk geding voor het gerechtshof voortvloeien? Onze beide huisgezinnen in het gansche land het voorwerp van spot en laster maken? Onze goede faam zien verzinken in den woeligen stroom van dagblad-artikels en domme herbergpraat? O, mevrouw, wees beter beraden. Spaar u zelven, uwen zoon en ons dien hoon en die schande!"

„Zeg wat gij wilt, mijnheer," antwoordde de barones zeer stuur, „mijn besluit is genomen. Wij vreezen de wet niet; en indien een geding u zoo wonderlijk verschrikt, dan is het waarschijnlijk omdat gij eene veroordeeling te gemoet ziet."

„Eene veroordeeling, mevrouw?"

„Ja, zeker, men schiet niet op lieden, die geene dieven of schelmen zijn. Het ontegensprekelijk bewijs, dat gij zeer goed wist op wien uwe pistool was gericht, bestaat daarin, dat gij zelf mij hebt gezegd, dat Hugo zou komen om jonkvrouw Ida te verlossen. En daarenboven, ik bekreun mij weinig om den eindelijken uitslag van dit geding. Gij zijt de schuld van het ongeluk mijns zoons, gij vreest het gerecht; dit is mij genoeg."

„Blijft er dan, eilaas, geen middel over om u van uw voornemen te doen afzien?" zuchtte de grijsaard met tranen in de oogen.

„Ja, een middel, mijnheer, een eenig middel nog. Stem toe in het huwelijk der jongelieden. Zeg dat zij mogen trouwen, zoohaast mijn zoon genezen is.... Gij zwijgt, mijnheer?"

„Onmogelijk, onmogelijk!" was het treurig antwoord.

„Gij zijt een stijfhoofdig en onmeedoogend man, mijnheer. Hoe durft gij dan hopen, dat ik mijne wettige wraak zou verzaken?"

„Zie, mevrouw, stond de beul met zijne bijl boven mijn hoofd, gereed om toe te slaan, en kon ik mijn leven en mijne eer afkoopen met de toestemming welke gij mij vraagt, geen ander woord zou ik kunnen voortbrengen: onmogelijk!"

„Welaan, te veel nuttelooze woorden hebben wij hier gewisseld. Blijf onverbiddelijk, mijnheer, en ik, ik volg uw voorbeeld. Eer de dag van morgen verloopen zij, zal de procureur des konings in bezit mijner aanklacht zijn. Open mij nu de deur; ik heb haast om uwe woning te verlaten, en mijn groet is: tot wederziens, voor het gerechtshof!"

Nog deed mijnheer Von Oberheim moeite om de onplooibare dame te verbidden; maar zij wilde naar niets meer luisteren en dwong hem de deur te openen.

Beiden gingen in de kamer, waar men nog bezig was met den gewonde op de draagbaar te leggen.

De barones naderde haren zoon en poogde door teedere woorden hem de hoop op eene spoedige genezing in te drukken.

Hier stond nu weder mevrouw Von Weiler, die was beneden gekomen.

Haar vader naderde haar, en vroeg aan haar oor:

„Hoe is het met Ida? Houdt zij zich stil?"

„Zij weent zoo bitter," kreeg hij tot antwoord. „Het arme kind is bedroefd tot stervens toe. Ik heb haar te bed doen gaan. Hedwig zit nevens haar. Wat ongeluk, wat ongeluk, vader!"

„Ja, Maria, het lot vervolgt ons meer en meer. Het is om er onder te bezwijken; maar veinzen wij ten minste wat moed.”

„Alles is gereed!” riep de dokter. „Nu met omzichtigheid vooruit. Nergens tegen stooten, langzaam stappen, bovenal tusschen de deuren. Men brenge licht op den voorhof!”

Johann en Peter stonden in de draagbaar. Het bevel des dokters gehoorzamende, hieven zij hunnen last op en stapten zeer traag voort, door de gang en over den voorhof.

Mijnheer Von Oberheim en zijne dochter volgden den treurigen stoet tot buiten de poort. Hier greep Hugo's moeder de hand der weduwe en zeide tot groetenis:

„U, mevrouw, wil ik geen kwaad. Ik gevoel dat gij nog ongelukkiger zijt dan ik. Wees zeker, ik acht u, en ik voelde mij bekwaam om u als eene ware zuster te beminnen; maar hij, uw vader, is een man zonder ziel. Hem zeg ik tot wederziens: hij weet wel waar!”

En zij verhaastte haren stap, om de draagbaar te vervolgen, die reeds een eind verre in den weg was gevorderd.

„Maria, morgen vluchten wij uit het land,” fluisterde de grijsaard. „Voor den middag kom ik van Yperen met het geld. Wij slapen te Rijsel of te Amiens. Kom, kom, sluiten wij de poort, alles moet rustig blijven op den Ouden Steen!"

Beiden keken nog eens in de verte naar de lantaarn, die de draagbaar voorlichtte, en verdwenen dan binnen de poort.

VII.

Het kon ongeveer acht uren des morgens zijn. Sedert de zon boven de kim was gerezen, had mevrouw Von Weiler zich naar de kamer harer dochter begeven, om het wanhopige meisje te troosten en haar eenigen moed in te spreken; maar al hare pogingen waren vruchteloos gebleven.

Nu lag Ida met het hoofd op de tafel en weende in stilte; de tranen vloeiden weg van onder haar aangezicht.

Met verbroken hart, was de weduwe intusschen werkzaam aan het inpakken van Ida's kleedergoed en schikte het alles in een paar koffers. Van tijd tot tijd wierp zij eenen medelijdenden oogslag op hare dochter, en dan ontsnapten haar pijnlijke zuchten.

Toen zij een der koffers gansch had opgevuld en er daardoor als eene verpoozing in haren arbeid kwam, ging zij tot het treurende meisje, greep eene harer handen en zeide:

„Kom, arm kind, ween toch zoo bitter niet: gij zult u ziek maken, wees zeker."

„Ziek maken?" snikte de maagd, het hoofd opheffende. „Ach, moederlief, mocht ik sterven!"

Mevrouw Von Weiler sloot hare dochter met eenen angstkreet in de armen en riep:

„Ongelukkige, uwe zinnen verdwalen. Vreest gij niet den Heer te vergrammen door zulke ijslijke woorden. Ida, gij zoudt mij dus alleen op aarde willen laten, zonder hoop en zonder troost?"

De jonkvrouw antwoordde niets op deze vraag; zij zette hare gepeinzen voort, en kermde:

„Hij ligt wel te sterven, hij! zijne ziel is misschien reeds in den hemel. O God, ik wil hem niet overleven...."

„Maar gij laat u door uwe kranke verbeelding mederukken, Ida. Heeft de dokter dezen nacht niet gezegd, dat de arme jongeling zal genezen?"

„Om zijne moeder eenen doodelijken slag te sparen...."

„Neen, neen, het was oprecht. In alle geval, vermits grootvader onzen knecht Peter om tijding van Hugo naar den dokter heeft gezonden, is het redelijk dat gij wachtet, vooraleer dus te wanhopen."

Het meisje scheen weerbarstig aan allen troost; zij liet het hoofd op de borst vallen en blikte zwijgend ten gronde.

Na eene wijl doorliep eene krampachtige rilling hare leden.

„En wij verlaten het land!" riep zij. „Terwijl hij misschien in doodstrijd ligt, vertrekken wij verre van hier, om hem te doen verstaan dat wij gevoelloos zijn aan zijn wee! om hem en om mij de laatste vonk der hoop uit het bloedend hart te rukken!"

„Naar Wiesbaden, Ida. Moet ik dan honderdmaal u hetzelfde herhalen? Wij keeren hier weder, binnen eenige weken. Deze reis is noodzakelijk voor onze goede faam: om het gerucht, dat over dit voorval zal ontstaan, door onze afwezigheid te dempen.... Daar roept mij grootvader. Hij heeft waarschijnlijk nieuws van Hugo. Blijf gerust op mijnen terugkeer wachten."

Zij ging beneden.

„Maria," zeide haar vader, „ik vertrek oogenblikkelijk naar Yperen. Met de paarden goed aan te zetten, kunnen zij de reis, gaan en keeren, op twee uren afleggen. Den tijd er bij rekenende welken ik kan behoeven tot het afdoen mijner zaken, zal ik te halfelf kunnen terug zijn. Alles is gereed tot ons vertrek; maak dat gij insgelijks klaar zijt. Hoe houdt zich Ida?"

„Ach, het arme kind is zinneloos van verdriet."

„Maar zal zij gerucht maken? zal zij weerstand bieden?"

„Neen, vader, haar moed is gansch gebroken. Zij zal weenen, maar gedwee zich onderwerpen."

„Dit is genoeg. Nu moet ik u nog van iets anders spreken...."

„Vader, is Peter nog niet terug?" onderbrak de weduwe. „Bracht hij nieuws over mijnheer Van Giersteen?"

„Ja, goed nieuws: de jongeling heeft slechts zeer weinig de koorts gehad. Volgens de meening van den dokter is alle gevaar voorbij. Ware het niet beter, aan Ida in het geheel niet meer over Hugo te spreken? Het kan slechts hare ontsteltenis nieuw voedsel geven."

„Zij weet dat gij Peter naar het dorp hebt gezonden, vader, en zij wacht met angstig ongeduld op tijding."

„Het zij zoo. Wat ik u te zeggen had, Maria, is eene ernstige zaak. Mevrouw Van Giersteen is in Yperen zeer gekend en invloedrijk. Misschien heeft zij, reeds bij het krieken van den dag, iemand naar de stad gezonden, om den Procureur des Konings op hare wijs over het gebeurde te klagen. Wie weet is zij zelve niet naar Yperen gereden? Het zou dus mogelijk zijn, dat de heeren van het Gerecht hier kwamen gedurende mijne afwezigheid."

„O, hemel, vader, wat zou ik dan beginnen?" kreet de weduwe verschrikt. „Wij kunnen den Ouden Steen voor de Wet niet gesloten houden."

„Neen, zeker niet. Ik zal de noodige bevelen geven opdat die heeren onmiddellijk worden binnengelaten. Ik heb de zaak diep overwogen, Maria. Voor u ten minste bestaat er geene reden, om dit bezoek te duchten. Ontvang die heeren met beleefdheid; wees hun minzaam, zeg hun dat ik zeker voor elf uren zal terugzijn, en verzoek hen op mij te willen wachten. Dewijl niemand dan ik bij den val van mijnheer Van Giersteen tegenwoordig was, kan ik alleen hun nauwkeurige inlichtingen geven. Zoo ontsnapt gij aan eene rechtstreeksche ondervraging."

„Ik weet niet, vader, de mogelijkheid van zulk bezoek, in uwe afwezigheid, doet mij beven.... Indien zij mij onzen naam vragen? onze geboorteplaats?"

„Welnu, ik heet baron Von Oberheim; gij zijt de weduwe gravin Von Weiler."

„Hemel!" zuchtte zij met afgrijzen: „liegen, liegen voor de Wet!"

„Ja, ja, het is eene erge zaak," morde de grijsaard met pijnlijke scherts; „maar er is niet aan te ontsnappen. Kom, Maria, verhef uwen moed in de maat der wreedheid van het lot. De pijnlijke strijd zal niet lang duren: dezen namiddag zijn wij in Frankrijk, en wij zullen onze reis zonder rusten voortzetten, totdat wij ons in veiligheid mogen gelooven. Maria, ik bid u, laat mij niet zoo ongerust vertrekken. Zult gij u sterk houden?"

„Indien het moet zijn, vader? Ach, de nood is eene bittere, doch onverbiddelijke wet! Hij heeft mij sedert lang geleerd, hoe men zijn hart doet zwijgen."

„Heb dank. Poog Ida insgelijks de overtuiging in te drukken, dat wij gehoorzamen aan eenen heiligen plicht. Kan het niet anders zijn, bedrieg haar, laat haar gelooven dat wij na korten tijd op den Ouden Steen zullen terugkeeren."

„Het is wel smartelijk voor eene moeder, maar ik heb het reeds gedaan..... Wat akelig lot is het onze, vader!"

„Ja, zeker akelig, Maria. Vergeet echter niet, dat wij, sedert bijna twintig jaar, dus worstelen tegen de dreigende onteering van ons geslacht. Zouden wij nu als lafaards het hoofd bukken en den strijd opgeven? Moed getoond, mijne dochter; dien storm komen wij, met Gods hulp, insgelijks te boven..... Nu, blijf gerust en wees voorzichtig. Om de heeren van het Gerecht niet te ontmoeten, zal ik mijne baan over Dickebusch nemen. Het is een weinig om; maar te halfelf ben ik waarschijnlijk terug."

Hij drukte zijne dochter de hand en verliet de zaal.

Mevrouw Von Weiler bleef met den blik ten gronde nadenken. De heeren des Gerechts konden komen, terwijl zij alleen te huis bleef! Zij zouden haar misschien in naam der wet ondervragen, en zij zou valsche verklaringen afleggen? Dit gepeins verschrikte haar en zij poogde nu al haren moed te verzamelen, om de belofte te kunnen vervullen welke zij haren vader had gedaan.

Het gerucht der koets, die over den voorhof rolde en uit de poort reed, wekte haar op uit hare droeve mijmering.

Zij ging naar boven, bij hare dochter, die nog immer met het hoofd op de tafel lag te weenen.

„Ida," riep zij met geveinsde blijdschap, „wees getroost: ik heb nieuws van Hugo, goed nieuws!"

Het meisje keek haar ongeloovig aan.

„Gij twijfelt er aan, Ida? Peter heeft den dokter zelf gesproken. Mijnheer Hugo is bijna genezen."

„Genezen? O, moeder, gij bedriegt mij: dit is onmogelijk!" wedersprak de maagd.

„Ik wil niet zeggen, Ida, dat hij geheel genezen is. Hij heeft zich in zijnen val sterk bezeerd en zal nog eenige dagen te bed moeten blijven; maar alle gevaar is voorbij. Hij heeft niets dan kneuzingen. Binnen een paar weken zal hij te been zijn en gezond als te voren. Zulk goed nieuws is wel van aard om ons te verblijden, nietwaar?"

„Maar wij vertrekken toch, en ik zal hem nimmer meer wederzien!" Snikte zij met nieuwe tranen.

„Ongelukkig kind, waarom u zelven zoo martelen? Grootvader zeide mij daar zooeven nog, dat wij reeds binnen drie weken hier terug zullen zijn."

„Wat geeft het, moeder, als ik toch niet mag trouwen?"

De weduwe zeide na eene wijl stilte:

„Kom, Ida, wees redelijk. Te Wiesbaden zullen wij meer vrijheid genieten en allerlei menschen zien. Gij zijt er reeds geweest toen gij een klein kind waart; maar gij herinnert het u wellicht niet meer. Daar zullen wij alle dagen wandelen in de schoone Wilhelmstrasse; wij zullen er den Neroberg beklimmen en het prachtig gezicht van het Rijndal genieten. Des avonds is er muziek in den Casino. Wees zeker, gij zult die vijftien dagen van vrij leven, onder den invloed eener bekorende natuur en te midden van een uitgelezen gezelschap, niet betreuren."

Het kostte de weduwe veel geweld op haar moederhart, om dus den raad haars vaders te volgen en haar kind te bedriegen door de logenachtige voorspiegeling eener vreugde, welke zij niet zou genieten; maar het meisje, verslonden door andere gepeinzen, scheen gevoelloos aan hare troostende woorden en bleef zwijgend met het hoofd op de handen zitten.

Desniettemin ging mevrouw Von Weiler immer voort met van Wiesbaden en van den schoonen Rijnstroom te vertellen. Zij had onderwijl haren eersten arbeid hernomen en schikte, nu en dan sprekende, de kleederen en den kleinen opschik van Ida in den tweeden koffer.

Er was misschien een groot half uur sedert het vertrek haars vaders verloopen, en zij meende den koffer te sluiten, toen er op de deur der kamer werd geklopt en iemand van buiten riep:

„Zijt gij daar, mevrouw?"

„Kom binnen, Hedwig," was het antwoord.

„Mevrouw," zeide de dienstmeid," er is een heer in de voorkamer. Hij wilde volstrekt mijnheer Von Oberheim spreken; en toen ik hem zeide dat mijn meester naar Yperen is, drong hij aan om in uwe tegenwoordigheid te worden toegelaten."

„Leid hem in de groote zaal, Hedwig; ik weet wie het is: een heer die inlichtingen komt nemen over het voorval van dezen nacht."

„Het is mogelijk, mevrouw; zie hier het kaartje, dat hij mij heeft gegeven."

En zij legde hare meesteresse het kaartje in de hand.

Nauwelijks had deze het oog er op gericht, of zij slaakte eenen versmachten gil en viel als bezwijmend op eenen stoel.

„Moeder, moeder-lief, wat hebt gij? O, hemel Hedwig, hulp, gauw!" kermde Ida.

Maar vooraleer de meid de kan water van de waschtafel had gegrepen, om haar voorhoofd te wasschen, sprong de weduwe weder recht; en ofschoon zij beefde van het geweld dat zij deed om hare ontsteltenis te bedwingen, zeide zij met opmerkelijk bedaarde stem:

„Het is niets: eene voorbijgaande flauwte aan het hart. Ik heb ook niet geslapen dezen nacht. Hedwig, haast u, leid dien heer in de zaal, zeg hem dat ik binnen eenige oogenblikken zal komen..... Neen, Ida, vrees niet voor mij, kind. Het is reeds voorbij; ik gevoel mij sterk."

„Maar, moeder," murmelde het meisje, „waarom zijt gij dan zoo bleek?.... en nu lacht gij weder! Laat mij het kaartje eens zien."

„Dat hoeft niet, Ida."

„Alweder een geheim, moeder? Ach, welke menschen zijn wij dan?"

„Daar, daar is het kaartje."

Het meisje las met luider stem:

„Graaf Willem de Hammes.... Het is een Fransch edelman ongetwijfeld. Kent gij hem, moeder?"

„Ja, ik heb hem nog ontmoet in mijn leven. Blijf nu rustig op uwe kamer, Ida. Ik keer aanstonds weder."

Zij daalde de trap af en opende hare eigene kamer. Hier, verlost van den dwang die haar verplichtte de woelige ontsteltenis haars harten te verbergen, liet zij zich met eenen diepen zucht op eene sofa vallen en bleef eenen wijl zwijgend in de ruimte staren.

Dan morde zij, terwijl hare opgehevene handen beefden:

„O, mijn God, welke beproeving legt gij mij op! Willem de Hammes! Hij hier? Daar beneden? Droom ik? Neen, neen, het is waarheid. Ik zal hem zien, zijne stem hooren, beven onder zijnen blik, bezwijken van schaamte misschien! Hoe weet hij dat ik nog leef? Wat drijft hem aan? Eene ijdele nieuwsgierigheid? Hij is getrouwd. Ach, hij mag mij niet zien!.... Maar hoe hem afgewezen? IJselijke toestand!"

Zij drukte de hand op hare borst en zuchtte:

„Zwijg, zwijg, mijn arm hart! Daar is hij, de man wiens aandenken u gedurende achttien jaar geheel vervulde, wiens beeltenis al uwe kloppingen heeft gevoeld. Uwe uitzinnige hoop gaat zich verwezenlijken..... en nu beeft gij van angst? Ha, gij wist dus niet, dat tusschen hem en mij de wet der eer eenen eeuwigen afgrond heeft gedolven?.... Maar wat gedaan? O, Heer, verlicht mijnen dwalenden geest! Wat gedaan?"

Na een oogenblik stilte zeide zij met koortsig besluit:

„Die ontmoeting is niet te ontwijken..... en ik wil hem zien, eene enkele minuut slechts. Sluiten wij ons op binnen het gevoel onzer waardigheid als binnen eene vesting. Houden wij ons ingetogen en koel; verkorten wij dit bezoek zooveel mogelijk....."

En deze laatste woorden mompelende, stapte zij ter kamer uit en daalde de trappen af, onderwege nog al hare gemoedskracht te zamen roepende, om met eene soort van trotschheid voor den man te verschijnen, die de oorzaak was geweest van hun aller ongeluk.

Maar toen zij de zaal intrad en den graaf van verre zag staan, moest zij de hand op den rug van eenen stoel drukken om eenen steun te vinden.

Beiden staarden elkander een oogenblik aan zonder spreken, en in beider geest ontstond hetzelfde droef gepeins, en beider hart werd met hetzelfde medelijden getroffen. Haar aangezicht was verslenst en toonde de sporen van langdurig verdriet; zijn haar was grijs geworden voor den tijd en zijne zwarte oogen hadden hunnen glans verloren!

De graaf naderde langzaam, met diep gebogen hoofd, nederig en schuchter, als een misdadiger die beeft voor zijnen rechter.

„Mevrouw," stamelde hij, „verschoon mijne vermetelheid. Uw blik is zoo streng....."

„Vermetelheid is het inderdaad, mijnheer," zeide zij. „Hoe durft gij u aanbieden voor mij, voor die arme Hortensia van Berkhout, die gij..... wier geslacht gij zoo bloedig hebt gehoond?"

„Gij weet wel, mevrouw Von Weiler....."

„Zoo, mijnheer, kent mijnen nieuwen naam?"

„Gij weet, mevrouw, dat ik slechts de onschuldige oorzaak daarvan was. Ach, ik heb meer geleden dan gij!"

„Meer dan ik, o hemel!" mompelde de weduwe in zich zelve.

Maar met evenveel koelheid hervatte zij:

„Ik kan niet gelooven, mijnheer, dat eene onbescheidene nieuwsgierigheid alleen u hier drijft. Gelief mij dus de reden van uw bezoek te laten kennen: in korte woorden, ik bid u; want ik heb weinig tijd en andere plichten roepen mij."

De graaf aarzelde en scheen in groote verlegenheid.

„Welnu, mijnheer?" vroeg de weduwe.

„Het is eene teergevoelige, eene moeilijke zaak, mevrouw," zeide hij: „uwe strengheid ontneemt mij allen moed. Ik bid u te gelooven, dat ik u nader met den diepsten eerbied waartoe een menschenhart bekwaam is. Na deze verzekering u te hebben gegeven, mevrouw, zal ik mij verstouten, u eene vraag toe te sturen; maar dat zij u niet kwetse, want het is geene vrijwillige onbescheidenheid van mijnentwege. Is het waar, dat het fortuin uws vaders, door ongunstige verkoopen en door de tijdsomstandigheden,' aanzienlijk is verminderd?"

De weduwe schouwde hem verbaasd aan, doch antwoordde niet onmiddellijk.

„Misschien heeft uw overleden echtgenoot, de graaf Von Weiler, u groote goederen nagelaten, mevrouw?"

„Mijn echtgenoot?" morde de weduwe met eenen krampachtigen glimlach op de lippen. „Neen, mijn echtgenoot was niet rijk. Al wat wij bezitten, is de eigendom mijns vaders, mijnheer."

„Welnu, wees een weinig toegevend voor mij, mevrouw. Gij gaat het doel van mijn bezoek vernemen. Sedert dat de beklaaglijke staatsvoorvallen ons van elkander rukten en mijn geluk voor eeuwig vernietigden, heb ik geen oogenblik geleefd zonder aan uwen vader..... en aan u te denken. Mij lag als eene knagende slang aan het hart de schrikkelijke vrees dat gij, mevrouw, wier lot ik niet kende, ongelukkig kondet zijn door de inkrimping van het fortuin uws vaders. Dit deed mij u opzoeken, langen tijd vruchteloos en zonder hoop, met het inzicht u te komen zeggen: ik ben de oorzaak dat gij in vernedering, in nood misschien moet leven; die gedachte laat mij geen oogenblik rust meer op de wereld en weegt op mijne ziel als eene vermaledijding des Heeren. Ik ben vele millioenen rijk. Aanvaard een gedeelte van mijn fortuin, en ik zal u danken als voor de hoogste weldaad. Ziedaar, mevrouw, het eenige doel van mijn bezoek."

De weduwe was bleek van ontroering; de laatste krachten schenen haar te willen begeven. In hare oogen glinsterde een traan en hare lippen sidderden, als had de koorts haar aangegrepen. Hij was nog immer dezelfde: grootmoedig en edel! Hij had elk oogenblik van zijn leven aan haar gedacht!

Maar in haren akeligen toestand sprak de stem des plichts nog luider in haar dan de herinnering aan het verleden. Zij bedwong zich weder met geweld en antwoordde:

„Het fortuin mijns vaders is niet verminderd, mijnheer. Integendeel, in ons eenzaam leven hebben wij gespaard. Daarenboven, mijnheer, al was het niet zoo, hoe hebt gij durven hopen, dat de baron Van Berkhout de hulp zou aanvaarden van hem, die..... Maar alhoewel wij uw aanbod onverbiddelijk moeten verstooten, wil ik gelooven dat gij het ons doet met oprechten zin en uit goedheid. Wat mij betreft, ik ben er u dankbaar voor; en vermits dit het eenige doel van uw bezoek was, mijnheer, laat mij nu toe u vaarwel te wenschen. Ik zeg..... ik zeg u niet tot wederziens....."

Deze laatste woorden sprak zij met verkropte stem, en zij week inderdaad eenige stappen achteruit naar de deur; maar hier bleef zij met den blik ten gronde staan, als weigerden hare voeten haar zoo beslissend te verwijderen van den man, die hare eerste en eenige liefde had bezeten.

De graaf verroerde zich insgelijks niet; hij meende dat zij ging verdwijnen en staarde haar met de tranen in de oogen achterna.

Toen hij bemerkte dat zij in de zaal bleef, ontstond de hoop op een min koel onthaal in zijnen boezem. Hij naderde haar en zeide:

„Hortensia..... mevrouw, o, heb medelijden met mij! Sedert zoovele jaren heb ik God gebeden, om u eens, eene enkele maal nog in mijn leven, te mogen aanschouwen. Nu heeft Hij die genade mij gegund. Ontneem mij dit geluk niet zoo onmiddellijk. Gij waant mij schuldig. Dit gepeins martelt mij zoo schrikkelijk. Ach, laat mij u zeggen wat ik heb geleden, en gij zult mij uwe vergiffenis schenken. Heb die goedheid voor mij; ik zal heengaan, en gij ziet mij nimmermeer weder!"

Nu bezweek de gemoedskracht der weduwe. Zij insgelijks wenschte nog in zijne tegenwoordigheid te blijven, zijne stem te hooren en woorden te vernemen, die als de weergalm waren van de verzuchtingen haars harten.

Zij zakte neder op eenen stoel en toonde zwijgend eenen tweeden zetel, die op eenigen afstand van haar stond.

„O, heb dank, Hortensia!" riep de graaf met onverborgene blijdschap en zich nederzettende.

Maar de galm zijner stem herinnerde de weduwe haren plicht; en haar koele blik riep hem tot ingetogenheid terug.

„Mevrouw," zeide hij, „mag ik u vragen, of gij mijne laatste brieven niet hebt vergeten?"

„Vergeet men het vonnis, dat ons tot eeuwig lijden veroordeelt?" murmelde zij.

„Neen, inderdaad, mevrouw. Ik ken er insgelijks nog de minste woorden van..... gloeiende, bloedige woorden, die wegzwommen in mijne tranen. Mijne brieven, mevrouw, waren nog beneden de waarheid. Iets heb ik u niet geschreven, omdat het alsdan nog niet was geschied. Ondanks dat mijne moeder mij bedreigd had met hare vermaledijding, wilde ik, den dag daarna, nog weerstand bieden; mijn vader, door de politieke drift verblind, ontstak in zulken schrikkelijken toorn, dat hij, als door eene beroerdheid getroffen, zonder gevoel nederviel; en men zeide mij van alle kanten, dat ik zwichten moest, wilde ik de oorzaak niet worden van mijns vaders dood. Ik huwde dus de gravin De Hascot: eene vrouw, die ik haatte, niet alleen omdat zij lichtzinnig en jegens alle mannen behaagziek was; maar bovenal, Hortensia, omdat zij aan mijne zijde de plaats innam der eenige, die mijn hart ooit op aarde kon beminnen. Wat zal ik u zeggen over mijn bitter leven? Het was eene hel van treurnis, van twist, van wederzijdschen haat en van hopelooze slavernij. Mijne vrouw had nooit, onder zedelijk oogpunt, een onberispelijk gedrag gehouden; maar na eenigen tijd begon zij allengs meer en meer alle menschelijk ontzag in den wind te slaan, en gaf mij weldra ten spot aan de gansche wereld. In de eerste jaren poogde ik, als man, mijne overheid te doen gelden; maar er was aan de gevoellooze vrouw niets te doen. Zij had zelfs mijne ouders en mijne vrienden tot zooverre betooverd, dat iedereen alle schuld op mij legde en ik, half zinneloos en met verbrijzeld hart, mij afvroeg, of ik niet wezenlijk mijn bitter lot verdiende. Hoe het zij, de moed ontzonk mij geheel, en, om meer gerucht en meerdere schande te ontwijken, gaf ik mij ten onder en werd de weemoedige, de zwijgende slaaf mijner eerlooze vrouw. Zij misbruikte mijne zwakheid en martelde mij als de booze geest eene gedoemde ziel. Ik was ziek, ik smeekte God om den dood.... Mijne treurige geschiedenis ontrukt u eenen traan, Hortensia? Ach, wat heb ik er gestort in mijne eenzaamheid, wanneer ik terugdacht in mijn leven en den hemel zag glinsteren, dien wij te zamen hadden gedroomd!.... Mijne ouders zijn sedert lang gestorven en ook mijne vrouw is sedert bijna twee jaar in het graf gedaald. Door dit laatste voorval werd ik vrij; mijn moed keerde terug, en het is van dan af, dat ik opzoekingen heb begonnen om uwe verblijfplaats te ontdekken, met het eenig inzicht, mijn ontzaglijk fortuin met uwen vader of met u te deelen, indien u dit tot iets nuttig kon zijn. Het verblijdt mij, dat gij alle hulp kunt ontberen; maar gebeurde het ooit, dat uw toestand min gunstig werd, schrijf een enkel woord naar Den Haag, en onmiddellijk komt het verlangde u toe, met de uitdrukking mijner innigste dankbaarheid."

„Ja, mijnheer," zeide de weduwe, „gij hebt veel, gij hebt schrikkelijk geleden. Mijn hart heeft u nooit beschuldigd. Het noodlot alleen heeft ons gescheiden."

„Mag ik hopen, Hortensia, dat gij min ongelukkig op de wereld zijt geweest dan ik? Wel heeft de oude rentmeester Homans mij doen denken, dat gij in den eerste, niet alleen door uwe eigene treurnis maar bovenal door uws vaders verontwaardiging, hebt geleden; maar gij zijt getrouwd geweest en gij hebt eene dochter. Waarschijnlijk was uw echtgenoot een goedhartig man, en als men moeder is en als men een kind heeft...... Ach, hadde God mij een kind gegund, een wezen dat ik kon beminnen, dan zou toch één band mij aan het leven hechten; maar nu, nu niets rondom mij dan eene eeuwige, troostelooze eenzaamheid! Nietwaar, het lot was u min wreed dan mij?"

„Misschien!" zuchtte de weduwe. „Weet gij wat ons leven is, sedert achttien jaar? Wij reizen van land tot land, onder valsche namen; wij zien nooit eenen mensch. Betuigt iemand lust om in bekendschap met ons te komen, dan vluchten wij verder, immer verder; en, waar wij ook verblijven, onze woning is eene gevangenis, waarin nooit eene vriendenstem heeft geklonken."

„Arme Hortensia!" mompelde de graaf. „Uw gelaat deed mij vermoeden, dat gij insgelijks niet gelukkig zijt. Maar deze droeve levenswijs is evenwel het gevolg niet der verbreking onzer huwelijksbelofte?"

De weduwe antwoordde niet; maar knikte bevestigend.

Om verdere vragen te ontwijken, stond zij op en zeide:

„Mijnheer..... Willem, het betaamt niet dat wij langer te zamen blijven. Wat geschied is, kan, eilaas, niet meer worden hersteld. Laat ons beiden met geduld het kruis dragen, dat God ons op de schouders heeft geladen. Ik zal in mijne eenzaamheid Hem bidden dat Hij u nog eenige gelukkige dagen gunne. Dit is alles wat ik kan doen."

De graaf bleef gezeten. Hij had zich de hand aan het hoofd gelegd en scheen in eene diepe overweging verzonken.

„Vaarwel, mijnheer, vaarwel..... voor altijd!" zeide de weduwe met versmachte stem, als ware zij gereed om in tranen los te barsten.

„Een oogenblik nog, ik smeek u! O, welke gedachte!" riep de graaf. „Indien het de hemel zelf was, die mij inspreekt! Van liefde, zooals men dit in de schoone lente des levens verstaat, kan tusschen ons geene spraak meer zijn, Hortensia; maar dit gevoel, indien de tijd het niet geheel heeft uitgedoofd, vervormt zich allengs tot eene stille doch grenzenlooze genegenheid. O, vergeef mij mijne stoutheid! Ik, Hortensia, heb aan u gedacht, elk oogenblik mijns levens; gij, hebt gij uwen ongelukkigen vriend niet geheel vergeten?"

„Vergeten, u vergeten, Willem?" kreet zij, de bevende hand op hare borst stekende. „Daar! zie wie het is, die, ofschoon sedert achttien jaar afwezig, elken polsslag van mijn hopeloos hart heeft gevoeld....."

En de keten van haar juweel losrukkende, gaf zij hem zijn eigen portret in de hand.

„Is het mogelijk!" gilde hij, terwijl hij van aandoening op zijne beenen waggelde en eenen steun zocht. „Ik, ik heb zoolang gerust op het hart, dat mij zoo zuiver heeft bemind? O, dit geeft mij moed. Hoor mij aan, Hortensia, alles kan hersteld worden; het eens gedroomde geluk kunnen wij nog terugvinden. Schenk mij uwe hand, word mijne vrouw! O, weiger niet: de dagen, die ons overblijven, zullen dagen van hemelsche vreugde zijn. Uwe dochter zal in mij een teederen vader vinden. Het is mij genoeg dat uw bloed door hare aderen vloeit, om haar lief te hebben als mijn eigen kind; zij zal mijne erfgename worden."

De weduwe bleef zwijgend, en alhoewel hare oogen van hevige blijdschap glansten, schudde zij ontkennende het hoofd.

„Hoe, gij aarzelt?" vroeg hij treurig. „Gij acht mij uwer onwaardig?"

„Welke mensch kan waardig in mijne oogen

zijn als gij Willem, indien het niet mijn vader is?.... Maar er ligt een geheim tusschen ons, een geheim dat gij moet kennen."

„Een beletsel, o hemel?"

„Het geheim van ons bitter leven, het geheim van mijns vaders menschenschuwheid....."

Zij ging naar de deur, verzekerde zich dat deze goed was gesloten, keerde dan terug en zeide:

„Willem, ik ben nooit getrouwd geweest."

De graaf deinsde een paar stappen achteruit en verbleekte zichtbaar.

„Gij zijt..... gij zijt nooit getrouwd geweest?" mompelde hij zeer langzaam. „Nooit getrouwd.... en gij hebt eene dochter!"

Er heerschte eene wijl pijnlijke stilte.

Het rood der schaamte, dat op het aangezicht der weduwe gloeide, deed den graaf beven.

„Eilaas," zuchtte hij, „zoo wordt ook de laatste hoop uit mijn scheurend hart gerukt! Hortensia, Hortensia, waarom hebt gij mij dit gezegd?"

„Gij moest het weten," sprak zij. „Neem het portret uit het juweel en zie wat daarachter op geschreven staat. Gij zult er twee heuglijke dagen op aangeteekend vinden: den dag onzer verloving en den dag der geboorte mijner dochter."

De graaf hield eene wijl den blik op den achterkant van het portret gevestigd. Zijn gelaat drukte verbaasdheid en twijfel uit, maar eensklaps werd het licht in zijnen geest. Hij zakte ineen op eenen zetel en gilde met de handen in de hoogte:

„God, groote God, laat mij niet sterven! Zij is mijn kind, ons kind! Ach, ik bezwijk onder zooveel geluk!"

Maar hij sprong weder op, vloog met uitgestrekte armen naar Hortensia en omhelsde haar met eene uitgelatenheid, die aan zinsverbijstering paalde. Beiden vergoten zoete tranen en wisselden eenen vloed verwarde woorden van blijdschap, van liefde en van hoop op eene gelukkige toekomst. Ja, zij zouden trouwen en bij de huwelijksplechtigheid hun kind wettig maken. Zoo werd dan alle vrees voor oneer in eens vernietigd, en zij zouden in de wereld treden met opgeheven hoofd!

De graaf maakte zich eerst uit de lange omhelzing los en vroeg met koortsig ongeduld:

„Mijne dochter! Hoe is haar naam?"

„Zij heet Ida."

„Waar is zij?"

„Daarboven, op hare kamer."

„Ik wil haar zien, onmiddellijk. Kom, Hortensia, leid mij tot haar!"

En hij stapte naar de aangewezene deur; maar de dame greep angstig zijne hand en weerhield hem.

„Verdwaalde!" kreet zij, „wat wilt gij doen? O,

zulke onvoorzichtigheid zou opnieuw al onze hoop kunnen vernietigen."

De graaf zag haar verwonderd aan.

„Ik zou mijn kind niet mogen omhelzen?" morde hij.

„Ida is, voor de wereld ten minste, uw kind nog niet. Het geheim harer geboorte moet haar onbekend blijven tot den dag, dat de zegen des priesters en de kracht der wet alle vlek van ons hebben afgewasschen. In welke hoedanigheid zoudt gij nu haar naderen?"

„Hemel, gij doet mij schrikken, Hortensia. Alzoo, ik zou nog weken moeten leven zonder haar te zien? Het is onmogelijk, gij begrijpt het immers wel?"

„Ons geluk staat ten prijze dier pijnlijke opoffering, Willem. Heb moed, wees sterk."

„Nog maanden misschien!" zuchtte de graaf.

„Wacht ten minste totdat mijn vader kennis hebbe van uwe komst en van uw voorstel..... Ach, Willem, met wat blind vertrouwen leveren wij ons over aan eene zoete hoop, die misschien niet zal verwezenlijkt worden!"

„Wie zou het beletten? Zijn wij geene vrije lieden?"

„Mijn vader heeft u altijd beschuldigd. In zijn hart maakte hij u verantwoordelijk voor ons bitter lot. Indien hij eens zijne toestemming weigerde?"

„Weigeren, Hortensia? Maar ik breng hem den levensvrede en de verlorene eer terug! Hij zal met blijdschap toestemmen."

„Ik weet het niet, Willem."

„Nu, nu, dat is om het even," riep de graaf met spijtig ongeduld. „Gij alleen zijt meester, Hortensia, en het geluk van uw kind moet voor u eene opperste wet zijn. Verstoot uw vader, tegen alle verwachting, mijn voorstel, dan zullen wij zijne toestemming ontberen. Niets kan er machtig genoeg zijn, om mij te beletten, aan mijne dochter eenen eervollen en doorluchtigen naam te geven."

„Mijn arme vader heeft zooveel door mij en door u geleden; zijn gansche leven hebben wij bitter en troosteloos gemaakt, Willem. Nu toch zou ik hem niet meer zulke miskenning willen beloonen. Laat mij begaan; ik ken den toestand van zijn hart. In den eerste zal hij tegen u in woede losbarsten en de gal uitstorten, die zich gedurende bijna twintig jaren in zijnen boezem heeft verzameld; maar ik zal met deemoedigheid dien storm laten voorbijgaan en hem allengs tot bedaren brengen. Hij is goed als een engel; maar men mag hem niet weerstreven..... Wat uur is het, Willem?"

„Vijf minuten voor tienen," zeide de graaf, op zijn uurwerk ziende.

„Mijn vader kan binnen een half uur terug zijn.

Hij mag u niet ontmoeten, voordat ik een lang en doelmatig onderhoud met hem heb gehad. Anders kon de gramschap hem tot woorden, ja, tot daden drijven, die misschien al onze ontwerpen zouden verijdelen. Nog eenige oogenblikken, Willem, en gij moet mij verlaten. Keer op den middag weder. Dan zal ik de beslissing mijns vaders kennen, en hij, ik hoop het, zal niet weigeren, u met minzaamheid te ontvangen. Getroost u dien dwang, mijn vriend; het is waarschijnlijk de laatste opoffering die ons zal worden opgelegd."

„En ik mag mijn kind niet zien?"

„Laat mijn vader daarover beslissen, Willem."

„Hoe pijnlijk! Maar is het niet anders mogelijk, welaan, ik zal geduld hebben..... Hortensia, is onze Ida een schoon meisje?"

„Ja, zeer lief."

„Gelijk gij, in hare jaren?"

„Schooner zeker: zij heeft uwe zwarte oogen."

„Zij is niet, als wij, ongelukkig geweest, nietwaar?"

„Eilaas, misschien nog meer, Willem. Sedert dagen doet zij niets dan weenen; op dit oogenblik zelven vlieten de tranen haar over de wangen en ligt zij verzonken in de diepste wanhoop."

„Waarom toch? Ha, ook die droefheid zal een einde nemen!"

„Ik geloof het niet, en gij insgelijks zult er aan twijfelen, wanneer gij zult weten, wat de oorzaak is van haar verdriet. Het arme kind is in het hart gewond.....”

„De liefde?”

„Ja; ik ga het u in eenige woorden uitleggen.”

Zij vertelde hem, hoe hare dochter en een zekere jonge baron Van Giersteen allengs eene vurige genegenheid voor elkander hadden opgevat, en wat al droeve voorvallen en akelige verwikkelingen deze onvoldoenbare verzuchting had na zich gesleept. Hoe mevrouw Van Giersteen haren vader voor het gerechtshof ging beroepen, en hoe deze nu besloten had, dien dag nog België te verlaten, om de openbaring van zijn levensgeheim en eene onfeilbare onteering te ontvluchten.

„De barones Van Giersteen?” mompelde eindelijk de graaf. „Eene rijke weduwe, die des winters te Brussel verblijft? Haar man was een Hollander?”

„Ja.”

„Haar zoon is een knappe, opgeschoten jongeling en zijn naam is Hugo?”

„Kent gij dan deze personen?”

„Zeker ken ik ze, Hortensia; zij komen bijna jaarlijks in Den Haag en te Scheveningen, om er het badseizoen door te brengen. Ik slijt soms gansche dagen in hun aangenaam gezelschap. O, de hemel zij er om gedankt! Het zal mij niet onmogelijk zijn, het geluk van mijn kind te bewerken. De barones Van Giersteen is eene verstandige en grootmoedige vrouw. Wanneer onze Ida, krachtens de wet, mijnen naam voert, zal de barones niet weigeren, de jonge gravin De Hammes als hare dochter te aanvaarden. Heden nog zal ik haar een bezoek brengen....."

„Gij wilt haar van deze zaak spreken?" morde Hortensia met zekeren angst. „Ik smeek u, doe het niet!"

„Neen, ik zal voorzichtig zijn; maar ik heb nu eene dwingende reden, om de vriendschap der barones Van Giersteen nog meer te verdienen. Het geluk onzer Ida kan er van afhangen....."

Eensklaps sprong de dame bevend op.

„Hoor ik niet een rijtuig?" kreet zij. „Mijn vader! Hemel, Willem, indien hij, onvoorbereid, u hier verraste, het ware genoeg om..... Stil, stil, het is niets: eene karre op den voorhof..... Zinneloozen, die wij zijn! Wij vergeten het uur: mijn vader kan elk oogenblik aankomen. Vertrek, Willem, zonder uitstel. Keer op den middag weder. Laat ons hopen, dat deze dag de laatste druppel uit onzen bitteren levensbeker zal hebben opgedroogd."

De graaf vloog haar aan den hals en zeide:

„Ja, Hortensia, laat ons hopen. O, geene macht op aarde kan mij nog van u scheiden. Vaarwel, vaarwel! Spreek Ida van mij, al was het slechts met bedekte woorden!"

„Nog niet: mijn vader moet daarover beslissen. Niet alleen ons geluk, maar ook zijne eer, de eer van zijn geslacht staan op het spel."

„Het zij zoo: tot wederziens, Hortensia."

En hij stapte naar de deur, keerde nog terug, om haar opnieuw te omhelzen, en ging dan uit de kamer.

Een oogenblik daarna kondigde het rollen van een rijtuig aan, dat hij den Ouden Steen had verlaten.

VIII.

Mijnheer Von Oberheim — of liever de baron Van Berkhout, want zoo was zijn echte naam — had zijne zaken te Yperen niet met den gewenschten spoed kunnen afdoen. Alhoewel hij de paarden gedurig had doen aanzetten, was het reeds lang na elf uren, toen zijne koets stilhield voor het hek van den Ouden Steen.

Hij ging naar binnen en meende de trappen te bestijgen; maar in de gang ontmoette hij zijne dochter, die op het gezicht van het rijtuig haastig was beneden gekomen.

Met haar in de zaal tredende, zeide hij:

„Geene hoop meer, Maria, wij moeten zoohaast mogelijk België verlaten. Ik heb te Yperen den zaakwaarnemer ontmoet, die de aanklacht van mevrouw Van Giersteen den procureur des konings heeft behandigd. Deze hooge gerechtsdienaar drukte wel het gevoelen uit, dat Hugo veeleer plichtig is dan ik, maar hij zeide tevens dat hij niet kan nalaten een onderzoek in te stellen, en dezen namiddag of morgen vroeg ten laatste, hier op den Ouden Steen met den rechter en den griffier zal aankomen. Wij zouden dus ondervraagd worden en onze verklaring moeten onderteekenen..... met valsche namen! God zij geloofd, wij hebben het middel om zulk misdrijf en het gevaar der schande te ontvluchten. Ga naar boven, Maria; bereid u en Ida tot het vertrek. Eer een half uur verloopen zij, bevinden wij ons op weg naar Rijsel, en wij zullen zooverre vlieden dat niemand in België nog ooit iets van ons zal vernemen..... Gij schijnt wonderlijk verstrooid, Maria? Ik zou haast meenen, dat gij niet op mijne woorden luistert. Waaraan denkt gij zoo diep?"

„Ik heb u iets te zeggen, vader," antwoordde zij.

„Nu niet, Maria. Wij zullen tijds genoeg hebben om te kouten, in ons rijtuig."

„Gij moet het weten vóórdat wij vertrekken, vader."

„Welaan, spreek haastig..... Gij aarzelt en verbleekt, Maria? Hemel! een nieuw ongeluk?"

„Neen, geen ongeluk, iets verrassends en schier ongeloofelijk; maar ik smeek u, vaderlief, hoor met kalmte, met goedheid, wat ik u te melden heb..... Er is gedurende uwe afwezigheid iemand hier geweest, dien gij sedert achttien jaar hebt beschuldigd en misschien gehaat, alhoewel hij ongelukkiger dan wij....."

„Wie, wie? O, zeg dat ik mij bedrieg, Maria!"

„De graaf Willem De Hammes."

Deze naam deed een zonderling uitwerksel op den grijsaard. Hij werd als door een zenuwschok getroffen; zijne lippen begonnen te beven, zijne oogen gloeiden en hij morde met heeschen gorgel:

„Heb ik het wel verstaan? Willem De Hammes is hier geweest? Wat wil die valschaard? Hij kent onze namen, hij zal ons verraden! Het is geen ongeluk, zegt gij, Maria? Ach, zijne komst is de grootste ramp die ons kon treffen. Nu is ons levensgeheim, nu zijn de vruchten van al ons lijden verloren!"

„Gij bedriegt u, vaderlief," murmelde zij „wat de graaf mij zeide, was integendeel....."

„Hoe? gij hebt met hem gesproken?" viel hij woedend in hare reden. „Hemel, en gij zijt niet bezweken van schaamte? Maar hoe durft hij de vermetelheid zoo verre drijven? Hier komen nederzien op de ellendige slachtoffers zijner lafheid?.... Maar hij is vertrokken, nietwaar? God dank, want moest ik hem zien, ik deed misschien een ongeluk! Zulk gevaar moeten wij ontvluchten, kost wat kost."

„Hij zal straks wederkeeren, vader."

„Wederkeeren?"

„Ja, hij moet u over uiterst gewichtige dingen spreken."

„Wat zinnelooze taal, Maria! Is alle gevoel van fierheid, van eigenwaardigheid u ontzonken? Wat kan hij ons anders brengen dan hoon, hij, die ons gedoemd heeft tot een leven van schaamte en van smart? Ik wil hem niet zien!"

„Gij zult hem ontvangen, vader, en hem aanhooren met bedaardheid."

„Maar gij spreekt zoo vreemd, Maria. Waarom durft gij zoo stellig bevestigen, dat ik hem zal ontvangen?"

„Omdat gij goed en redelijk zijt, vader. Ik voorzag wel, dat de aankondiging der komst van den graaf u zou ontsteld hebben. Nu wacht ik met onderwerping het oogenblik af, dat het u gelieve, mij te vragen wat hij mij heeft gezegd. Ik smeek u, vader, hoor mij met eenige toegevendheid aan. Van uwe beslissing hangt niet alleen het geluk van ons leven, maar de eer en het toekomend lot van mijn kind af. O, bedwing uwe verontwaardiging voor een oogenblik en laat mij spreken. Gij zult oordeelen, vader; en, is uwe beslissing ontkennend, ik zal u gehoorzamen, met verdriet misschien, maar met eerbied en onderwerping."

Ofschoon de grijsaard nog zeer vergramd was

en binnensmonds allerlei zure woorden mompelde, brachten de berekenende ootmoed en de zachtheid zijner dochter hem eenigszins tot bedaren. Hij zette zich op eenen stoel en morde:

„Welaan, Maria, vermits gij er mij zoo innig om bidt, laat hooren, wat heeft de bewerker onzer ellende u dan gezegd?"

De dame greep zijne hand en sprak in den eerste zeer stil en zonder eenige verheffing in de stem, uit vrees van haars vaders ontsteltenis aan te hitsen:

„Vader, gij hebt Willem de Hammes van meineed en van baatzuchtigheid beschuldigd. Mijn hart, gij weet het, kon nooit instemmen met zulk ongunstig gevoelen. Wist gij, hoe ongelukkig de graaf is geweest — ongelukkiger nog dan wij — gij zoudt hem zoo streng niet beoordeelen. Denk eens, toen hij, voor de vermaledijding zijner moeder zwichtend, het noodlottig jawoord had uitgesproken, poogde hij dit woord nog in te trekken; maar zijn vader, door toorn weggerukt, viel in eene beroerdheid; en de arme Willem moest toestemmen, wilde hij niet de oorzaak worden van zijns vaders onmiddellijken dood. Hij trouwde dus met de gravin De Hascot....."

„Dit alles hoef ik niet te weten," gromde de baron Van Berkhout, „ter zake, Maria, ik verlies mijn geduld!"

„Vaderlief, gij hebt mij veroorloofd te spreken. Wenscht gij nu dat ik zwijge?"

„Neen, neen, maar wees korter; het doet mij pijn, van die lieden iets te hooren."

„De ouders van mijnheer Willem zijn sedert lang gestorven, en op hun doodsbed hebben zij u om vergiffenis gesmeekt."

„Zij hebben mij om vergiffenis gesmeekt?" herhaalde de grijsaard met eenen ongeloovigen glimlach.

„Twijfel er niet aan, vader: zij hebben bitter geboet voor hunne noodlottige beslissing, die hen niet min dan ons ongelukkig heeft gemaakt..... Sedert anderhalf jaar is de gravin De Hascot insgelijks uit de wereld gescheiden. Daardoor bekwam Willem zijne vrijheid, en geen eergevoel weerhield hem nog om de inspraak zijns harten te volgen. Hij begon rustelooze pogingen aan te wenden, om ons verblijf te ontdekken. Uw oude rentmeester Homans moet hem eindelijk op ons spoor gebracht hebben."

„Ha, Homans, dit had ik van u niet verwacht!" morde de grijsaard. „De graaf De Hammes was vermetel genoeg om ons op te zoeken? Wat had hij met ons te stellen?"

„Gij gaat het vernemen, vader. Hij had, op zekere twijfelachtige inlichtingen, zich ingebeeld dat wij ons fortuin gedeeltelijk hadden verloren en in bekrompenheid moesten leven. Hij is nu vele millioenen rijk en wilde er een gedeelte van afstaan, om ons in onzen vorigen toestand te herstellen."

„En daarom poogde hij ons verblijf te ontdekken!" riep de baron Van Berkhout met eenen zuren spotlach. „Zijt gij niet verwonderd, Maria, mij zoo kalm te zien, bij dien bloedigen hoon? Maar het is zoo belachelijk, dat ik niets gevoel dan misprijzen voor zulken onbeschaamden hoogmoed. Hij, hij wil ons geld aanbieden? Die vernedering ontbrak ons nog! En gij, Maria, hebt ongetwijfeld dit aanbod met vurige verontwaardiging afgewezen?"

„Ik heb hem gezegd dat mijn vader, God zij dank, alle stoffelijke hulp kan ontberen."

„En was dit het eenige doel zijner komst?"

„Ja, vader..... maar blijf gezeten, ik bid u. Het gewichtigste ga ik u zeggen."

De dame, nu overtuigd dat zij haar vader allengs tot meer bedaardheid had bekwaam gemaakt, scheen hare krachten te berekenen om de geduchte openbaring te doen.

„Welnu, ik luister, Maria," zeide de grijsaard.

„Vaderlief," begon zij „indien gij niet toestemt om mij met edelmoedig geduld aan te hooren tot het einde, stelt gij u bloot aan het vellen van een voorbarig en onrechtvaardig oordeel. Laat mijne woorden u dus niet te veel ontstellen, vooraleer gij alles weet wat ik u te zeggen heb."

„Die voorbereidsels! Gij doet mij schrikken, Maria."

„O, blijf bedaard, vader. Willem de Hammes weet dat ik nooit getrouwd ben geweest."

„Hemel, hij weet het!" kreet de grijsaard met de angstbleekheid op het gelaat. „Ons levensgeheim verraden! Onze schande openbaar! En weet hij dat gij eene dochter.....?"

„Dat hij de vader mijner dochter is? Ja, ik zelve heb hem de achterzijde van zijn portret getoond, en daarop heeft hij het gelezen."

De grijsaard was zoodanig verbaasd over wat hij hoorde, dat hij geene woorden uitbrengen kon. Hij staarde zijne dochter met gloeienden blik in de oogen, wrong de armen en morde bittere verwijten.

„Oordeel nog niet, vader," zeide zij. „De graaf De Hammes heeft mij voorgesteld, mijn echtgenoot te worden en bij de huwelijksplechtigheid ons kind wettig te verklaren."

„Een huwelijk tusschen den graaf De Hammes en mijne dochter?" viel de grijsaard uit. „Tusschen den verrader en zijn slachtoffer? Maar het is afschuwelijk! Nooit, nooit."

De dame sloeg hare armen om zijnen hals en poogde dit laatste woord door hare zoenen te verstikken.

Nu sprak zij met wat meer aandoening in de stem:

„Vader, vader, uw hart is verbitterd, de wettige verontwaardiging misleidt u. Ach, dat de goede God uwe geest verlichte! Begrijpt gij niet, dat mijn huwelijk met Willem al onzen angst en al onze smarten moet genezen? Wat is de reden van ons ellendig leven? De twijfelachtige, de onverklaarbare toestand van mijn kind in de wereld, nietwaar? Wanneer Ida nu door mijn huwelijk hare plaats, eene eervolle plaats, in de samenleving bekomt; wanneer ik en mijn kind den doorluchtigen naam van De Hammes dragen, voor wie dan zouden wij nog het hoofd moeten bukken of de oogen nederslaan? Is de schandvlek, die als een looden kruis op ons woog, dan niet voor eeuwig uitgeveegd? O, beschouw de zaak met klaren geest, vader! Gij zult terug in de samenleving kunnen treden, Brussel bewonen, den troon des konings naderen, en tot het einde van uw leven geacht en vereerd worden, zooals de laatste telg der Van Berkhouts het verdient. Kom, vader, zeg dat gij in ons aller geluk toestemt!"

De grijsaard schudde nog het hoofd.

„Vaderlief," smeekte de dame, „wees toch grootmoedig! Is Willem schuldig in uwe oogen, schenk hem uwe vergiffenis..... Gij weigert? Ach, ik onderwerp mij met eerbied aan uwe beslissing, al moest zij mij veroordeelen om te lijden en te wanhopen tot bij het graf; maar ik ben moeder en kan het geluk en de eer van mijn kind niet zoo deemoedig opofferen. En gij, haar grootvader, zult gij niets voor mijn arm kind doen? Overweeg, vader: nu, zonder naam en zonder afkomst, moet Ida van de wereld afgezonderd leven; voor haar geene vrijheid, geene blijdschap, geen troost. Lijden, weenen, hopeloos verkwijnen is haar lot. Door mijn huwelijk bekomt zij eenen doorluchtigen naam, en die naam opent voor haar een glansrijk leven, eene zoete toekomst. Dat uw gekwetst hart uwe eigene eerherstelling en het geluk uwer oude dagen verstoot, alleenlijk omdat ze u door een De Hammes worden aangeboden, dit is reeds onbegrijpelijk; maar dat gij meedoogenloos genoeg zoudt kunnen zijn, om mijne arme Ida tot eeuwige wanhoop te veroordeelen? O, dit is niet waar, vader; het kan niet zijn; daarvoor zijt gij te edelmoedig en te goed! Spreek nochtans; gij hebt zoo veel en zoo bitter door mij geleden, dat ik veeleer dan uwe bevelen te weerstaan, mij zou onderwerpen aan het akeligste lot."

Er heerschte eene wijl stilte.

„Welnu, vader, wat besluit gij? Zal mijn arm kind zonder naam op de wereld blijven?" vroeg de dame, met opgehevene handen eene gunstige beslissing afsmeekende.

„Er zijn inderdaad pijnlijke noodzakelijkheden," zeide de grijsaard bedaard, doch op droeven toon. „Ik begrijp, Maria, dat uw huwelijk met den graaf De Hammes onze eer voor de wereld kan herstellen en het lot van Ida zal verzekeren. Aanvaard dus de hand die u wordt aangeboden."

„O, dank, dank, dat God u zegene, mijn goede vader!" kreet de dame, hem opnieuw omhelzende.

„Gij zijt moeder en het is uw plicht, voor het welzijn en de eer van uw kind alles op te offeren..... Ik geef mijne volle toestemming; maar ik zal echter bij uwe huwelijksplechtigheid niet tegenwoordig zijn."

„Hoe? wat wilt gij zeggen, vader?"

„Het is mij onmogelijk, mijnen afkeer voor den graaf De Hammes te verbergen. Ik wil hem niet zien, Maria."

„Blijf niet zoo verbolgen, vader. De graaf gaat straks komen; onthaal hem toch niet met die terugstootende koelheid. Kunnen wij gelukkig zijn, indien gij hem blijft haten? O, nog een weinig goedheid, vader!"

„Ik gevoel mij de kracht niet, Maria, om den bewerker van al ons ongeluk te onthalen. Laat mij heengaan, dat ik bevelen geve, tot ons onmiddelijk vertrek."

„Vertrekken? Wij zouden vertrekken?" kreet de dame met angst. „Zoo de weldaad ontvluchten, die God in zijne barmhartigheid ons toezendt? En mijn huwelijk, vader?"

„Gij kunt op den Ouden Steen blijven, Maria," was het antwoord. „Ik vertrek alleen; ik zal ergens, diep in Frankrijk mij ophouden en in mijne eenzaamheid bidden voor uw aller heil. Gij zult mij schrijven, van tijd tot tijd."

„Eilaas, wist gij, vader, hoe gij mij martelt!" zuchtte de dame met oogen vol tranen. „Waarom nu vertrekken?"

„Maar al kon ik zelfs toestemmen om den graaf ten minste met koele beleefdheid te onthalen, begrijpt gij niet, Maria, dat ik toch uit het land moet vluchten. Vergeet gij, dat de rechters hier zullen komen om een onderzoek in te stellen?"

Een dienstbode klopte op de deur der zaal, en toen hem oorlof was toegeroepen om binnen te treden, meldde hij:

„De graaf Willem de Hammes verlangt mijnheer te spreken. Hij wacht op antwoord in de voorkamer."

Mijnheer Van Berkhout verbleekte zichtbaar; en dewijl hij zwijgend bleef, zeide de dame tot den knecht:

„Leid den graaf tot ons, in deze zaal."

„Vader, vaderlief," smeekte zij, „bedwing u, wees hem niet hard; hij is een edelmoedig man, die u eerbiedigt en u liefheeft. Denk aan mijn arm kind; want zoo gij hem verstoot....."

Zij werd onderbroken door het verschijnen van den graaf, die, met den hoed in de hand, op weinig afstand van de ingangdeur bleef staan, gansch onthutst door de trotsche houding en den gloeienden blik van den baron Van Berkhout.

Hij naderde evenwel, en zeide met angst in de stem:

„Heer baron, gij hebt mij beschuldigd van lafheid en van meineed. Ach, een onmeedoogend noodlot heeft ons allen de slachtoffers van dezelfde ramp gemaakt. Neen, ik was niet plichtig, — en evenwel heb ik geleden als een martelaar. God heeft eindelijk deernis met ons gehad; Hij heeft, in zijne goedheid, mij het middel aan de hand gegeven, om de oorzaak uwer smarten te vernietigen en ons allen met geluk te overladen. Gij weet hoe vurig, hoe oprecht ik, in min bittere dagen, uwe dochter heb bemind. Zij heeft mij een geheim geopenbaard, dat mij een heiligen plicht oplegt. Ik, bijna een grijsaard, wil de schuld betalen van den jongeling, dien gij eens met zooveel vaderlijke teederheid liefhadt. Baron Van Berkhout, ik smeek u, gun mij de hand van Hortensia; laat mij mijn kind eenen eervollen naam geven!"

Alhoewel zijne dochter de handen biddend tot hem hield opgeheven, bleef de oude baron roerloos in de oogen van Willem de Hammes staren. Hij scheen eenen hevigen zelfstrijd te doorstaan en aarzelde tot het uitspreken van een zoo gewichtig besluit.

De graaf, eene weigering voorziende, knielde voor hem neder en riep:

„O, heb medelijden met mij, met uwe dochter, met uw kleinkind! Heb ik gefaald, zonder het te weten, heb ik tegen u misdaan, vergeef het mij! Laat mij uw zoon worden; ik zal u beminnen en u eeren als mijnen vader; u gehoorzamen in alles, gansch mijn leven u dankbaar zijn. Vergiffenis, vergiffenis!"

Een traan welde op in de oogen des grijsaards; hij greep de hand des graven, hief hem langzaam van den grond op, omhelsde hem en murmelde met verkropte stem:

„Welaan, alles zij vergeven en vergeten. Maak Hortensia en uw kind gelukkig!"

De dame vloog haren vader aan den hals en

overlaadde hem met zegeningen, terwijl zij en tevens haar toekomende echtgenoot hem met blijde woorden het schoonste, het zoetste leven tot het einde zijner dagen voorspelden.

Maar hij, na de eerste uitstorting hunner blijdschap, antwoordde met zekere treurnis:

„Ja, het is mogelijk, mijne kinderen, dat al die schitterende vooruitzichten zullen verwezenlijkt worden. Hopen wij het..... Heer graaf, mijne dochter heeft u waarschijnlijk gezegd dat wij, dat ik ten minste, verplicht ben België te verlaten. Een ongelukkig voorval brengt den procureur des konings hier op den Ouden Steen om ons over de zaak te ondervragen. Gij begrijpt, onder valsche namen kunnen wij niet.....”

„Maar waar zijn mijne zinnen?” viel de graaf eensklaps in. „Is dit alleen de reden, die u doet vertrekken, heer baron? O, blijf dan gerust in uw vaderland: alles is bijgelegd en afgedaan.”

Hij haalde een gevouwen blad papier uit zijne tasch en reikte het den grijsaard toe.

„De vrees eerst, de blijdschap daarna, deden het mij vergeten,” zeide hij. „Ik heb meer dan een uur in gezelschap van mevrouw Van Giersteen doorgebracht. Het is eene goede vrouw en een edel hart. Lees haren brief, heer, en gij zult het erkennen.”

Met klimmende verwondering op het gelaat en ongeveinsde blijdschap in de oogen, las de baron:

„Mijnheer, ik kom u om verschooning bidden. De moederlijke smart verblindde mij. Mijn zoon Hugo heeft niet wel jegens u gehandeld; hij bekent het zelf met diep leedwezen. Ik heb in allerhaast eenen vertrouwden persoon naar Yperen gezonden, om mijne aanklacht in te trekken. Wij hopen dat gij, vàn uwen kant, grootmoedig genoeg zult zijn, om mijnen zoon zijne vermetele, zijne zinnelooze daad te vergeven. Indien wij slechts uwe achting mogen behouden, zullen wij u innig dankbaar zijn.

De Barones VAN GIERSTEEN."

De grijsaard schouwde den graaf in de oogen, als wilde hij van hem uitlegging bekomen over dien onverwachten brief, waarvan de inhoud hem niet natuurlijk scheen.

„Zoo is het, heer baron," kreeg hij tot antwoord: „de bode der barones is te paard vertrokken en heeft reeds lang Yperen bereikt. Dus is er geen onderzoek meer te vreezen; want indien gij niemand aanklaagt, hoe zou het gerecht zich bemoeien met eene eenvoudige liefdezaak, eene belachelijke vermetelheid, die slechts eenige gewichtigheid zou bekomen indien gij recht eischtet tegen den plichtige? Waarom dan vertrekken, heer?"

De grijsaard drukte de hand des graven en murmelde ontroerd:

„Gij hebt gelijk, Willem. Wees gedankt. Nu mag ik blijven. Maar hoe hebt gij de barones zoo van gevoelen doen veranderen? Ik begrijp het niet."

„Ik ken haar sedert lang, heer, en ben met haar bevriend; maar dit is de tooverroede niet, die het wonderwerk deed: ik heb haar laten hopen, ik heb haar bijna de verzekering gegeven, dat Ida de bruid van haren zoon zal worden. — En inderdaad, na mijn huwelijk met Hortensia....."

„Maar in alle geval, heer graaf, zullen zij toch moeten weten, hoe het komt dat Ida eensklaps uwe dochter is geworden, en als zij dit geheim zullen vernemen..... Wie weet of zij niet weigeren?"

„Laat dit aan mij over. Als vader zal ik zeker het geluk of de eer van mijn kind niet roekeloos in de waagschaal leggen. De barones zal het wettige kind van den graaf De Hammes met blijdschap voor hare dochter aanvaarden. Twijfel daar geen oogenblik aan. Daarenboven, Hugo is zoo oprecht en zoo vurig verliefd, dat hij, in min gunstige aangelegenheden, de toestemming zijner moeder nog zou afdwingen. Ik vergat het u te zeggen:

Hugo is veel beter; wel lijdt hij nog pijn van zijnen val; maar hij zit reeds in eenen leunstoel. Zijn grootste verdriet, zijne wanhoop, is de vrees dat Ida hem zal worden ontrukt, en hij meent zelfs dat hij ze nimmer meer zal wederzien. Uit medelijden en op het dringend bidden zijner moeder, heb ik hem beloofd, dat gij, heer baron, dat wij allen te zamen, met Ida hem zullen bezoeken; ja, misschien nog heden. Zou ik te veel van uwe grootmoedigheid hebben verhoopt? Het geluk van Ida kan het loon uwer toegevendheid worden..... Kom, vaderlief — ik durf u zoo noemen — heb moed, geene vrees, geene aarzeling meer, lever u met vertrouwen over aan het toelachend lot!"

„Ja, vader, toon u edelmoedig!" smeekte Hortensia.

„Het zij zoo," antwoordde de grijsaard. „Ha, de bloedige doorn is uit mijn hart! Doe met mij wat gij wilt: ik ben tot alles bereid."

„Er is evenwel iets waartoe wij uwen wijzen raad noodig hebben," zeide de graaf. „Mijn kind is daarboven, op eenige stappen van mij. Ik heb het nog niet gezien. Hier blijven of voor eenigen tijd mij verwijderen, zonder mijne dochter op mijn hart te hebben gedrukt, dit kan niet zijn. Wat is uw gevoel daarover, heer baron?"

Hij kreeg geen antwoord; de grijsaard trok de schouders op, in diepe verlegenheid.

„En ik moet mijn kind zien nochtans!” mompelde de graaf.

„Inderdaad,” zeide de grijsaard, „maar hoe? In welke hoedanigheid? Gij zult toch vóór uw huwelijk haar niet zeggen wie haar vader is..... Ha, ik heb het gevonden! Laat haar gelooven, dat gij haar oom zijt: haars vaders broeder, dien wij dood waanden en die nu, onverwachts, uit verre landen is wedergekeerd; maar wees uiterst voorzichtig en verraad u zelven niet.”

„Wat gelukkige gedachte!” riep de dame, „ik zal Ida gaan halen en haar op voorhand zeggen, dat zij haren oom gaat zien; en ik zal haar van hem vertellen wat zij dient te gelooven. Zoo zal zij u geene onbescheidene vragen doen.”

„Ja, en schik haar wat op; wij zullen maar seffens met de koets van den graaf naar het Tempelhof rijden, om Hugo en zijne moeder een bezoek te brengen.”

„O, wat zijt gij goed, vader!”

Hortensia haastte zich naar boven.

Terwijl zij afwezig was, begon de grijsaard met den graaf een meer bedaard gesprek, over wat hun best te doen stond om hunne ontwerpen doelmatig uit te voeren, zonder iemand, voordat de tijd ertoe gekomen ware, het geheim van hun leven te laten doorgronden. Zij zouden binnen weinige dagen naar eene verafgelegene Fransche stad vertrekken; daar den noodigen tijd verblijven om het huwelijk van Hortensia met den graaf te voltrekken; dan terugkeeren en de hand van Hugo Van Giersteen voor de jonge gravin Ida de Hammes afvragen. Later zouden zij te Brussel wonen en onbeschroomd in de wereld treden; ja, in de omgeving des konings zelven de plaats eischen, die den baron Van Berkhout, als lid van een aaloud geslacht, toebehoorde.

De grijsaard was nu geheel veranderd; hij vlotte weg op den schoonsten droom en zag vooruit tot aan het einde zijns levens. Nog schoone dagen waren hem beloofd; het pletterend kruis was van zijne schouders opgeheven; sedert achttien jaar ademde hij nu voor de eerste maal met vrijheid. Zoodanig ontroerde hem de begeesterde taal des graven, dat hij hem nog eens in de armen sloot en hem met blijdschap zijn lieve zoon noemde.

Daar hoorden zij gerucht op de trap en hielden beiden den blik naar de deur gericht.

„Wees voorzichtig, bedwing u!" mompelde de baron.

Ida verscheen in de kamer aan de hand harer moeder, die, den graaf aanwijzende, haar zeide:

„Zie, mijne dochter, daar is uw oom."

Het meisje bekeek den vreemden heer, begon

te beven, liet eenen schreeuw en deinsde achteruit, als schrikte zij terug van eene onverwachte verschijning.

„Omhels toch uwen oom, Ida," fluisterde hare moeder.

„Mijn oom? mijn oom?" gilde het meisje. „Neen, neen, bedrieg mij niet. Hij is mijn vader, mijn lieve vader, dien God mij teruggeeft!"

Zij sprong den graaf aan den hals en zoende en streelde hem met uitgelatenheid, terwijl zij onophoudend het zoete woord „vader" murmelde, zonder te gevoelen dat des graven tranen als paarlen op haar voorhoofd vielen.

De grijsaard liep tot haar, poogde haar uit de omhelzing los te maken en zeide op strengen toon:

„Wat doet gij, Ida? Gij zijt zinneloos; die heer is uw oom."

„Neen, neen, gisternacht, in mijnen droom, heb ik hem reeds gezien," weersprak de maagd. „Hij is mijn vader!"

„Maar gij dwaalt, kind. Die heer is uws vaders broeder. Geen wonder dus, dat hij op hem gelijkt. Kom, maak u niet belachelijk."

De graaf bedwong zijne uiterste ontsteltenis met geweld.

„Ja, lieve nicht, ik ben slechts uw oom," sprak

hij, haar teeder streelende; „maar daarom bemin ik u niet minder. Troost u; ik ben gekomen om u van alle smart te verlossen."

„Ach, oom — vermits gij mijn oom zijt —" murmelde zij treurig, „bedrieg mij niet. Mij van alle smart verlossen? Dit kan niemand op aarde!"

„Ja toch, Ida," viel hare moeder met zegevierende blijdschap in. „Weet gij wat uw oom reeds voor uw geluk heeft gedaan? Gij zult, naar alle waarschijnlijkheid, de bruid van Hugo worden."

„Is het waar, grootvader?" vroeg het meisje met volledig ongeloof.

„Het is waar," bevestigde de grijsaard, „en, om u te toonen dat wij u met geene valsche hoop willen misleiden, houd u bereid om naar het Tempelhof te rijden. De koets van uwen oom staat voor de poort. Vermits wij allen gelukkig zijn, gaan wij den armen Hugo door ons bezoek insgelijks gelukkig maken."

Ida slaakte eenen luiden vreugdekreet, wierp zich juichend aan den hals haars grootvaders, omhelsde ook hare moeder en viel dan met vreugdetranen op het hart van haren gewaanden oom, die haar, hijgend en van geluk schier bezwijkend, in zijne armen hield gesloten.

De graaf en Hortensia schenen nu geene haast te hebben om naar het Tempelhof te rijden; maar de grijsaard, vreezende dat Willem, door zijn vaderlijk gevoel overstelpt, zich mocht verraden, riep hun toe:

„Nu, nu, geen uitstel; die arme, zieke Hugo verwacht ons. Hem langer zonder troost laten lijden, ware te wreed. Komt, wij vertrekken..... Ik bid u, gehoorzaamt mij!"

En met deze woorden stapte hij naar de deur. De anderen volgden hem. Ida hing aan den arm des graven, die algaande haar streelde en haar allerlei zoete woorden toestuurde.

Op den voorhof zeide de baron tot eenen knecht:

„Johann, wij doen een kort uitstapje; bij onzen terugkeer moeten die zwarte planken van voor het hek verdwenen zijn. Men opene al de luiken der vensters!"

De knecht keek hem verbaasd aan; maar nog meer werden de dienstboden met verrassing getroffen, toen Ida, de handen in de lucht zwaaiende, hun toeriep:

„Eh, Hedwig, Peter, Susanna, hier is mijn oom, mijn lieve oom, die ons allen gelukkig komt maken. Wij gaan naar mijnheer Hugo van Giersteen!"

De dienstboden kwamen toegeloopen; maar de baron, eene nieuwe onbescheidenheid vreezende, deed de maagd in de koets stijgen, en gaf den voerder bevel om de zweep op de paarden te leggen.

De moedige dieren sprongen vooruit in de baan; en lang nog hoorden de dienstboden, die bij de poort stonden, de vreugdekreten van Ida en zagen zij het zegevierend wuiven van haren zakdoek.

IX.

De velden waren met hun blank winterkleed overtogen, maar de zon glanste aan den heldersten hemel, en hare stralen deden het sneeuwtapijt als met millioenen diamanten glinsteren.

Er heerschte zulke volledige stilte over gansch het dorp, dat men tot op de markt de orgeltonen en de stem der priesters kon hooren.

Zeker, er moest in de kerk een plechtige dienst gevierd worden; want van wederzijde der deur stonden, met ontdekten hoofde en in biddende houding, vele landlieden, die bij gebrek aan ruimte geene plaats in den nederigen tempel hadden kunnen vinden.

Vijf of zes prachtige heerenkoetsen vervulden tot op zekeren afstand de groote dorpsbaan, die van wederzijde met immergroene boompjes was beplant en met wuivende vlaggen gesierd.

Buiten het kerkhof, onder den grooten lindeboom, waren eenige boeren te zaam geschaard, rondom Jakob den jager. Deze blies nu en dan op eene brandende lont en hield zich gereed om, bij het eindigen der plechtigheid, vuur te geven uit vier kleine kanons, die aan den voet van den linde in eene rij waren geschikt. De veldwachter was daar insgelijks tegenwoordig.

Intusschen spraken deze lieden zoo stil mogelijk, doch met vroolijk ongeduld, over de gebeurtenis van den dag en zij wreven zich de handen, bij de verwachting aan het vermaak dat hun was beloofd.

Eensklaps vertoonde zich aan het ander einde der markt een eenzaam wandelaar, gekleed als een stedeling, en die verwonderd scheen rond te kijken naar al de bonte versieringen en de honderd wapperende vlaggen.

„Bedrieg ik mij niet?" morde de veldwachter. „Neen, het is wel mijn vriend Hendrik, de zoon van onzen ouden schoolmeester! Sedert meer dan vijf maanden, dat hij te Gent eene plaats bekwam, hebben wij hem niet meer gezien..... Jakob, doe uwe zaken wel en wees voorzichtig: ik ga Hendrik Bals te gemoet."

En na deze woorden te hebben gesproken, stapte hij over de markt, drukte welhaast de hand van zijnen vriend en zeide:

„Ha, dit is braaf van u, Hendrik, dat gij ons eindelijk toch eens wilt bezoeken. Gij hebt vernomen wat hier zou gebeuren, en nu komt gij juist van pas om het groote feest bij te wonen?"

„Wat beteekenen toch al die vlaggen?" vroeg de jonge onderwijzer.

„Weet gij het niet?"

„Hoe zou ik het weten, veldwachter? Mijn vaders huis vind ik gesloten. Ik heb nog niemand ontmoet; het dorp schijnt uitgestorven."

„Inderdaad, groot en klein, alleman is in de kerk."

„Welnu, wat geschiedt er? zeg het mij toch."

„Kom, ga met mij wat nader bij de kerk," antwoordde de veldwachter. „Ik moet op mijnen dienst passen. Het raadsel van die wonderlijke winterkermis zal ik u in korte woorden uitleggen..... Gij waart nog hier, toen de jonge baron Van Giersteen des nachts over den muur van den Ouden Steen klom en er bijna den dood vond, nietwaar?"

„Zeker, veldwachter; die wreede en brutale Von Oberheim had op hem geschoten. De ongelukkige jonkheer had nochtans het edelmoedigste inzicht. Hij wilde trouwen met jonkvrouw Ida von Weiler, alleenlijk om haar uit de pijnlijkste slavernij te verlossen. De heer Von Oberheim is het land ontvlucht, om de arme jonkvrouw onverhinderd te kunnen doodplagen....."

„Maar zwijg toch, Hendrik!" riep de veldwachter met eene soort van angstige verontwaardiging. „Gij komt uit eene andere wereld en zijt onwetend van alles. Er bestaat geen heer Von Oberheim en geene jonkvrouw Von Weiler meer. Hij is baron Van Berkhout en zij is de dochter van een doorluchtig Hollandsch edelman, den heer graaf De Hammes.... en nu gaat zij trouwen met den jongen baron Hugo van Giersteen. Zij zijn in de kerk; hun huwelijk wordt ingezegend. De brutale Von Oberheim — zooals gij hem noemt — is de vriendelijkste, de edelmoedigste mensch geworden, dien men ergens kan vinden. Hij gaat uwen vader eene nieuwe school laten bouwen; hij sticht een Godshuis voor twintig zieke lieden. Dezen namiddag is het groot feest op den Ouden Steen; het staat er vol tafels en stoelen; er zal muziek zijn; al de inwoners van ons dorp mogen er eten en drinken.....”

„Op den Ouden Steen!” mompelde de onderwijzer. „In ditzelfde park, dat niemand mocht naderen!”

„Ja, en dat nu openstaat voor iedereen.”

„Maar de oorzaak van zulke onbegrijpelijke verandering, veldwachter?”

„Ja, de oorzaak, Hendrik, daaruit kan ik niet wel wijs worden. De lieden van den Ouden Steen verborgen zich onder geveinsde namen. Mevrouw

Von Weiler heet De Hammes. Gij weet dat zij weduwe was of het meende te zijn. Welnu, haar echtgenoot, de graaf De Hammes, was niet dood; zij heeft hem onverwachts wedergevonden en hij heeft zijne toestemming tot het huwelijk zijner dochter Ida met mijnheer Hugo van Giersteen gegeven. Zij zijn reeds drie weken terug op den Ouden Steen. Sedert dan heerscht daar niets meer dan vriendschap, vreugde en liefdadigheid. Die goede edellieden zijn zoo gelukkig, dat zij iedereen even gelukkig zouden willen zien. Het is bijna als een mirakel."

„Inderdaad, veldwachter, het is eene wonderlijke zaak. Die Von Oberheim! ik herinner mij nog, hoe hij iedereen deed terugschrikken van zijnen somberen, norschen blik. . . . ."

„Tot straks, tot straks!" riep de veldwachter eensklaps. „Daar begint de klok te luiden. Het is gedaan; gij zult ze zien; zij gaan uit de kerk komen. Ik moet mijnen dienst waarnemen."

Dit zeggende, trok hij zijnen sabel en liep naar de kerk, uit welker deur nu een dikke drom dorpelingen stroomde. Allen waren in hun beste zondagspak en op hunne aangezichten glanste een heldere glim van blijde deelneming.

De veldwachter zwaaide zijnen sabel en ijverde zeer om de menigte zoo te schikken, dat op het kerkhof niemand bleef staan dan de leden van den Gemeenteraad, eenige voorname inwoners en de jonge meisjes, die nu begonnen den wegel voor de kerkdeur met knipsel van gekleurd papier en goudblad te bestrooien. Het overige volk hield zich in twee rijen op de markt, met eenen breeden doorgang, om de koetsen te laten naderen.

Onmiddellijk hadden de overheden der gemeente en de voornaamste lieden, met den burgemeester, zich in eenen halven kring geschikt. De laatste had een papier in de hand en hield zich gereed om eenen gelukwensch af te lezen.

Daar bonsden de vier kanonschoten te gelijkertijd los; de verraste landlieden sprongen op en verbleekten, maar een glimlach op aller gelaat verving onmiddellijk die uitdrukking van schrik, en iedereen rechtte zich op de teenen om naar de kerkdeur te blikken, waarin nu de gevierde edellieden verschenen.

Hoe klopten de harten der aanschouwers, toen zij den baron Van Berkhout — weleer de gevreesde heer Von Oberheim — den goeden Hugo van Giersteen zagen omhelzen, terwijl dezes moeder de schoone bruid van haren zoon op haar hart drukte.

De tranen van ontroering en blijdschap, die in de oogen van al deze hoogwaardige personen glinsterden, wekten een zoo diep medegevoel, dat menige boerin het hoofd afkeerde om haren voorschoot aan de oogen te brengen. Dan, die stond van wederkeerige gelukwensching was evenras voorbij; te meer daar de burgemeester vooruit was getreden en nu met wankelende stem eene zeer lange rede had beginnen voor te lezen.

Terwijl de baron Van Berkhout en zijn gezelschap aandachtig toeluisterden, had de veldwachter met zijnen sabel het te kwaad tegen de nieuwsgierige dorpelingen, die schier onweerstaanbaar vooruitdrongen; bovenal gaven de vrouwen en jonge meisjes hem werk. Moesten zij niet de engelschoone bruid zien, met haar glanzend satijnen kleed, met hare kroon van witte bloemen en glinsterende diamanten, met den kanten sluier, die van haar hoofd tot op hare voeten viel, en wel zoo veel kostte — had men gezegd — als eene hofstede van twee paarden?

En hoe waren toch de oude baron en zijne dochter veranderd en verjongd! Wat indrukwekkende man was niet de graaf De Hammes, met zijne opgeschotene gestalte, zijne statige houding en zijn uiterst milden glimlach!

De burgemeester had zijne rede geëindigd. Mijnheer Van Berkhout dankte hem met eenige diepgevoelde woorden en zeide ten laatste:

„Ik heb deze gemeente lief, mijnheeren, niet

CPSIA information can be obtained
at www.ICGtesting.com
Printed in the USA
BVHW011740210121
598316BV00007B/413

9 781276 633031